世界哲學家叢書

伊 壁 鳩 魯

楊　適　著

1996

東大圖書公司印行

國家圖書館出版品預行編目資料

伊壁鳩魯／楊適著 . -- 初版 . -- 臺北
市：東大發行：三民總經銷，民85
　　面；　公分 . --(世界哲學家叢書)
參考書目：面
含索引
ISBN 957-19-1947-0 (精裝)
ISBN 957-19-1948-9 (平裝)

1.伊壁鳩魯 (Epicurus, Ca. 342-
　270 B. C.)-學術思想-哲學

141.63　　　　　　　　　85010306

國際網路位址　http://sanmin.com.tw

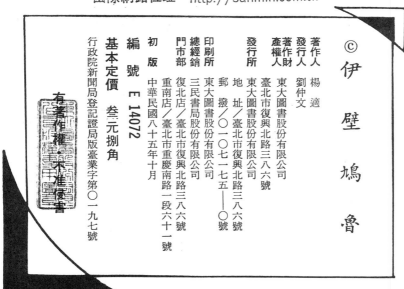

© 伊壁鳩魯

著作人　楊適
發行人　劉仲文
產著作財權人　東大圖書股份有限公司
發行所　東大圖書股份有限公司
　　　　地址／臺北市復興北路三八六號
　　　　郵撥／〇一〇七一七五──〇號
印刷所　東大圖書股份有限公司
總經銷　三民書局股份有限公司
門市部　復北店／臺北市復興北路三八六號
　　　　重南店／臺北市重慶南路一段六十一號
初版　　中華民國八十五年十月
編號　E 14072
基本定價　叁元捌角
行政院新聞局登記證局版臺業字第〇一九七號

ISBN 957-19-1948-9 (平裝)

「世界哲學家叢書」總序

　　本叢書的出版計畫原先出於三民書局董事長劉振強先生多年來的構想，曾先向政通提出，並希望我們兩人共同負責主編工作。一九八四年二月底，偉勳應邀訪問香港中文大學哲學系，三月中旬順道來臺，即與政通拜訪劉先生，在三民書局二樓辦公室商談有關叢書出版的初步計畫。我們十分贊同劉先生的構想，認為此套叢書（預計百冊以上）如能順利完成，當是學術文化出版事業的一大創舉與突破，也就當場答應劉先生的誠懇邀請，共同擔任叢書主編。兩人私下也為叢書的計畫討論多次，擬定了「撰稿細則」，以求各書可循的統一規格，尤其在內容上特別要求各書必須包括（1）原哲學思想家的生平；（2）時代背景與社會環境；（3）思想傳承與改造；（4）思想特徵及其獨創性；（5）歷史地位；（6）對後世的影響（包括歷代對他的評價），以及（7）思想的現代意義。

　　作為叢書主編，我們都了解到，以目前極有限的財源、人力與時間，要去完成多達三、四百冊的大規模而齊全的叢書，根本是不可能的事。光就人力一點來說，少數教授學者由於個人的某些困難（如筆債太多之類），不克參加；因此我們曾對較有餘力的簽約作者，暗示過繼續邀請他們多撰一兩本書的可能性。遺憾的是，此刻在政治上整個中國仍然處於「一分為二」的艱苦狀態，加上馬列教條的

種種限制，我們不可能邀請大陸學者參與撰寫工作。不過到目前為止，我們已經獲得八十位以上海內外的學者精英全力支持，包括臺灣、香港、新加坡、澳洲、美國、西德與加拿大七個地區；難得的是，更包括了日本與大韓民國好多位名流學者加入叢書作者的陣容，增加不少叢書的國際光彩。韓國的國際退溪學會也在定期月刊《退溪學界消息》鄭重推薦叢書兩次，我們藉此機會表示謝意。

　　原則上，本叢書應該包括古今中外所有著名的哲學思想家，但是除了財源問題之外也有人才不足的實際困難。就西方哲學來說，一大半作者的專長與興趣都集中在現代哲學部門，反映著我們在近代哲學的專門人才不太充足。再就東方哲學而言，印度哲學部門很難找到適當的專家與作者；至於貫穿整個亞洲思想文化的佛教部門，在中、韓兩國的佛教思想家方面雖有十位左右的作者參加，日本佛教與印度佛教方面卻仍近乎空白。人才與作者最多的是在儒家思想家這個部門，包括中、韓、日三國的儒學發展在內，最能令人滿意。總之，我們尋找叢書作者所遭遇到的這些困難，對於我們有一學術研究的重要啟示（或不如說是警號）：我們在印度思想、日本佛教以及西方哲學方面至今仍無高度的研究成果，我們必須早日設法彌補這些方面的人才缺失，以便提高我們的學術水平。相比之下，鄰邦日本一百多年來已造就了東西方哲學幾乎每一部門的專家學者，足資借鏡，有待我們迎頭趕上。

　　以儒、道、佛三家為主的中國哲學，可以說是傳統中國思想與文化的本有根基，有待我們經過一番批判的繼承與創造的發展，重新提高它在世界哲學應有的地位。為了解決此一時代課題，我們實有必要重新比較中國哲學與（包括西方與日、韓、印等東方國家在內的）外國哲學的優劣長短，從中設法開闢一條合乎未來中國所需

求的哲學理路。我們衷心盼望,本叢書將有助於讀者對此時代課題的深切關注與反思,且有助於中外哲學之間更進一步的交流與會通。

最後,我們應該強調,中國目前雖仍處於「一分為二」的政治局面,但是海峽兩岸的每一知識分子都應具有「文化中國」的共識共認,為了祖國傳統思想與文化的繼往開來承擔一分責任,這也是我們主編「世界哲學家叢書」的一大旨趣。

傅偉勳　韋政通

一九八六年五月四日

自 序

坦率地說，我對伊壁鳩魯有一點偏愛。

伊壁鳩魯的名字，對於學習和研究過西方哲學史的人來說不算生疏。在以前我國大陸的哲學界尤其如此，因為他被認為是一位重要的唯物論者，同柏拉圖唯心論路線相對立的德謨克利特原子論路線的堅持者，一位著名的無神論者，特別是由於馬克思寫了那篇關於他的博士論文。不過實在說，真正研究他的人很少，幾十年來專門討論他的文章或著作幾乎等於零。我自己在很長時間也是如此，每次給學生講哲學史課程時都不過形式上強調一下他的重要性，實際內容點一下就算是交待過去了。這原因，大概是覺得他的思想離我們的生活太遠吧。

只是在經過了許多磨難之後，在更多地熟悉和研究了西方哲學之後，又對中國文化和西方文化的長處短處以及它的特點實質作過相當長時間的比較思考之後，看問題有了一些新的角度，我才逐漸感到伊壁鳩魯有某些特別的優點和價值，引起了我的興趣。

我發現，他的思想和哲學其實比較貼近人生和個人，親切易行而坦誠。他的思想雖然出現在古代，而且後來有相當長時間受到貶低排斥，但實際上是融化保持在西方人的生活方式裡面，成為一個基因而傳承下來。這是因為他的那種思想學說原是希臘人留給後世

的一筆帶有基礎性的寶貴遺產。在現代西方人的生活中，的確到處泛濫著無止境的享樂主義，不過對許多正直的普通善良人來說，無論他們是否知道或研究過伊壁鳩魯，從他們的實際生活我們仍然隨時可見他的那些教導的因素在起著影響和作用，甚至同他們的基督教信仰共生並存。這是很有意思的。另外，在我看來，他的思想學說對於我們中國人和中國文化，也大有參考和學習的價值。這就是我為什麼願意寫他的一個原因。

在中西諸哲中，我對有些人深為崇敬，覺得他們胸懷博大或體系精深，能激發人的高尚理想，能教導人作深入的思考。如孔孟和宋明大儒，和柏拉圖、亞里士多德、康德、黑格爾等人。蘇格拉底、盧梭、馬克思也是這樣，或者說更是這樣。他們注重世界和人類整體性的大問題，關懷人類群體如家國、城邦和人類的命運和前途，關懷受苦難的人和受剝削壓迫的階級與民族的解放，關懷社會歷史和全人類的未來。他們當然是我們學習的重點。我自己生活在一個中國人面臨國家民族危亡和奮力復興的時代，從青少年起在五四的影響下，經歷過抗日戰爭、解放戰爭、祖國建設的偉大鬥爭和其中的各種艱苦困難，有那麼一種激情，在轉化為哲學思考時首先集中關注於上述那些大哲的思想，是十分自然的。另外，西方哲學中的那些注重邏輯分析的哲學，雖然對人提高思想的清晰性極有益處，我也略略學習過一點，並且認為它對於在這方面相當欠缺的中國哲學是一大針砭，卻也一直提不起太大的興趣。覺得學一點是必要的，可也不必那樣全力以赴，哲學應當關心的實質和中心終究不在這裡，而在人和他的命運。

我應該承認，在有了幾十年的生活經歷之後，思想和心情都有了不少微妙的變遷。偉大的中國革命和偉大的思想和哲學已經大大

改變了中國的面貌，中國獨立了也比較強大了，現在又開始富裕起來了。當然大問題還很多，還要努力建設我們的國家和社會，所以偉大的思想和哲學仍然要學要發展。但是只注重總體性或群體社會的大事而不注重個體的問題，終究是一個很大的缺陷。因為個體性與整體性並非總是對立的，也是深刻統一的，無總體性固然無真實的個體性，反之，無個體性也就無真正的整體性。那種抹煞個體獨立自主和發展的社會整體，很難真正具有活力而反倒容易畸變，並且容易萎靡不振地走向衰落。這是歷史已經一再證明了的真理。另外我們還必須承認，這個問題其實並不僅是個在中國今天才有，或者只存在於社會和政治生活方面的問題，在我國歷史中長期存在和發展過來的文化裡，就有不尊重甚至抹煞人的個體性的傳統，只不過到如今這個時代它顯得更加突出而已。遺憾的是，在我們這裡直到如今對此還沒有深加注意和認真作哲學的研究。

有感於此，近年來我試著進行過一些在中西文化比較基礎上的對於中國文化傳統的探討。現在把自己的看法略作說明，也許對說明問題的根源，以及說明我為什麼關注伊壁鳩魯，願意把他介紹出來給我們中國人，會有些益處。

中國文化傳統歷來以人倫之道為中心和基礎。人倫文化基本上是人文主義的，而人倫之道按其本義說是注重人與人的天然親密聯繫的，如親子、兄弟、夫婦間的血緣和婚姻關係，這些關係是人自身的生產關係，它們在世代中綜合形成為家庭家族關係，許多家族又在更大範圍中結成社會的經濟政治文化的社會聯繫，在初民中形成部落聯盟，後來形成國家，於是在家族群體之外有朋友關係，之上有政治性的結合並發展出「君臣」關係。所以人倫是一種個人和個人之間關係。但是它不是抽象的人和抽象的關係，原是極具體的。

例如講人倫時，每個人都有一個特定的地位，他或是父或是母或是子或是女，或是夫或是妻，或是兄或是弟，或是長者或是幼者，或是君或是臣，沒有一個是從全然抽象的角度去看的人；他的對方總是正好同自己相對著的另一個具體的個人，他同對方結成的關係因而也總是具體的關係（人倫關係中的一種）。所以我們不能認為中國人和中國文化傳統根本不講個人，不重視個體，相反，在這個意義上是很重視個體的。問題只在於每一個中國人總生活在數不清的這些人倫關係之中，每一個這樣的人倫聯繫就像一根或粗或細的絲線，總合起來就是一張網，他就生活在這張網中。這張網和其中的每一條絲線，是這個人的生命線，他的自然生命從這裡來又回到那裡去，他的經濟的、政治的、思想的、社會的生命也是從這裡獲得，並且在這裡展開，取得意義。這樣人倫之網所形成的群體，包括家族、鄉黨、各種社會集體、國家，就成為對個人有決定意義的存在。個人就融合、浸沒在其中，或者說，只有在個人對人倫之道是否符合，對在人倫之道基礎上的中國歷史文化有功或有過的意義上，才有自己的價值和意義，才有可能成為傑出的或著名的個人。所以，中國人不是不承認個人，只是不承認有脫離人倫關係和人倫群體的個人。這是中國文化的長處，其中有深刻的根源和道理。中華民族源遠流長的存在和發展，同這個結構有最深刻的關係。但是不能不承認，這種人倫文化也有它的不足和問題。即使是最好的人倫結構，也有對個人的某種束縛。因為人不僅是個在人倫之網中的存在。每個人到這世界上來還有他自己的獨特性。其中有些獨特性能夠在人倫之網中發揮，有些則不能。還有，因為每個人所處的人倫關係都是很具體的，有的比較正常有的卻非常扭曲，他所面對的各種同他發生人倫關係的人也都是具體的，有的能促成他的成長，有的則力求限

制、壓抑、扭曲他的正當意願和行動；一個人事事都要考慮、照顧到這些別人對他的人倫要求，他作為個人的獨特性首創性必定不免然要受到極大的束縛，不能獲得獨立生動的發展。何況，在歷史上人倫形態是變遷的，幾千年來的宗法制度使人倫關係變形歪曲，因而大多數的下層人民，和幾乎所有的個人，不能不經常處於個性更加受限制受壓抑的狀態。

中國的人倫結構自從進入三代以後，就演變成宗法性的，是宗法人倫。孔孟儒家雖然是講人倫之道最突出的派別，但是他們強調君臣父子的支配服從關係（禮教），所以儘管重視禮同仁的結合一致，即把宗法等級制度同人倫親愛之道融合為一，也只能說是在提倡一種宗法人倫。那決不是「大道之行也，天下為公」的人倫，或本來意義上的天然的人倫。宗法人倫雖然講仁愛的人倫之道，還是掩蓋不了它對人的壓迫性質（這一點到秦漢以降明確提出君為臣綱、父為子綱、夫為妻綱之後，就更鮮明突出了）。因此有墨家和農家這些代表下層民眾要求的反對派出來，提出人和人應當互利和兼愛的另一種人倫觀（它後來在民間和農民中演化為「均平」主張）。另外，宗法人倫的社會結構和禮教規範對於具有獨立品格的士人，也常常是一種難以忍受的枷鎖，因此有老莊道家這種反對派出來，要求返回天道自然人倫，莊子出於對宗法人倫的敵視，甚至主張對一般人倫也棄於不顧，要求個人的絕對自由——在實際上無法衝破宗法人倫網絡的情況下，至少要肯定和追求個人心靈和人格方面的獨立自由（法家是強化宗法人倫結構中的宗法性方面的學派，同儒家有差別，終究在維護宗法人倫制度上又相通，在此不必多說）。

我們不必在這裡列舉中國傳統社會歷史上那些數不清的罪惡和對個人的壓抑的事實。僅就上述三派思想的對立而言，就足以證明

中國的人倫結構和明倫文化確實有阻礙個人獨立自由的弊病方面。中國傳統文化中唯一強調個人自由的只是道家,特別是莊子的哲學。但是它從來沒有在實際上改變中國文化的主流。

中國人中間出現個人個性獨立解放的要求和自覺,始於近代,始於西方文化的傳入(學者認為明末以來中國資本主義萌芽時期已經產生了這種因素,實際上也僅是某些萌芽的因素而已,其影響和作用是不能同近代特別是五四運動相比的)。這一點我們不能不歸功於西方。儘管西方重個人的文化有其嚴重的弊病,我們絕不贊成全盤接受。

同中國不同,西方人從古希臘起,就逐步突破了他們源於遠古的氏族制家族制度,因而也就逐步改變了他們的人倫關係和社會結構。商品市場的經濟滲透進原來的結構使這些關係解體,建立起個人(及個體家庭)對個人的一種與以往人倫關係全然不同的聯繫。這是一種通過物(商品、貨幣)的價值交換來形成的人際關係,藉助物,一物的主人同另一個物的主人形成對立的聯繫。每個人都為自己,以對方作手段,彼此進行著不講情感只問利益的計較。另一方面,每個人又必須承認對方作為其商品主人的主權,承認對方在交換中自願的意志,承認平等的自願的交換法則。這些都是違反人倫關係性質的。同這種社會經濟交往方式相應,希臘人也改變了自己原來城邦中氏族貴族制度,建立起公民間民主自由的政治制度——城邦民主制。不必說,上述這些變化當然是同希臘人的思想變化同時和相互作用的進程。在這種歷史過程中,希臘人逐步擺脫了氏族和家族的人倫結構制度,演變成一種新型的人——即所謂「自由人」。(以上我們只談到希臘歷史的內在演變。因為我們在這裡不能詳細說明這些內在的變化和希臘人的地理和外部世界環境的關係,

這些環境和希臘人同其他民族以及希臘人內部的對立，造成他們特有的眾多分立的城邦，這些城邦具有各自的特點、獨立性和自由，造成同希臘人的自由不可分的對於異族的對抗和奴役他們的奴隸制。)

希臘的自由城邦和自由公民是一種新型的人和他們的新社會結構，它使人的個性和首創性得到了巨大發揮。所以希臘的古典時代雖然不過短短兩百來年，卻創造出了極其生動和具有永恆魅力的文化藝術和思想學術，以及影響西方和人類歷史至為深遠的哲學。

但是人間的一切和人性縱然有抽象永恆的、美好的東西，它們又只能實現於歷史的具體境況之中，這些具體的人性和種種事物在具有永恆和美好方面的同時，也有其並不永恆和美好方面。在進入文明時出現的希臘人的自由，同中國人東方人進入文明中人倫演變成宗法性的東西類似，有它的雙重性。這種自由，因為是同在商品交換中形成的個人之間的對立不可分的，也同希臘人與異族的對立和戰爭，同希臘內部各城邦之間，以及每個城邦內部的各個階層、各個個人之間的對立、鬥爭和戰爭，同奴隸制不可分。他們的自由既在這些關係中形成，就很自然地包含著極其複雜的矛盾性質和內在毀滅的種子。對立的鬥爭和戰爭幾乎伴隨著希臘人的全部生活和歷史，終於導致希臘城邦的滅亡。

可見這種自由是一種偏重人與人之間的分離和對立的文明，其特點正好注重人與人的聯結和和諧的人倫文化成為對照。在古代社會和國家中，重人倫文化的比較穩定連續，而希臘歷史則脆弱而易於斷裂；但是，在古代民族中有誰能比希臘人擁有那麼多的自由自主性格和能力呢？人類不能沒有人倫和群體的團結，也不能沒有人與人之間適當的分離、自由和個體的自主性格。後者是希臘人留給

西方的遺產，也是留給整個人類的一份珍貴的文化遺產。事實上，我們中國人在以前的歷史上還一直沒有獲得充分發展這一方面性格和能力的機會。

在馬其頓入侵和建立其大帝國的進程中，希臘人喪失了維護其獨立自由的城邦制度，先成為馬其頓專制下的附庸，後來成了羅馬帝國的行省。由於失去了城邦自由，他們的個人自由也就跟著喪失了相當大的部分。失去了政治自由參與權的希臘人，只是在經濟上和思想文化上還保持著部分的個人自由，在希臘化帝國和羅馬帝國的巨大範圍內，在專制的政治制度的某種保護下，這些個人自由甚至還得到了空前的擴大和傳播。但是這種個人自由是殘缺的、畸形的，在專制的政治暴力和社會動盪中沒有保障，人們的生活和命運乃至他們的人身和生命，猶如風浪中大海上的一葉小舟，隨時面對著覆滅的危險。正是在這種情況下，伊壁鳩魯繼承了總結性地表現希臘人自由觀的原子論哲學，加以新的改造論證，使之適應新的時代，適應人們在新形勢下的精神需要。是的，單靠思想和哲學並不能使人獲得實際社會的自由，但是，伊壁鳩魯告訴人們，即使實際社會不能保障自由，人仍然可能在自己能力的範圍內，在自己所生活的境況中，實際地保持個人的一定的自由，從而保持住自己作為一個人的本質和尊嚴（同莊子僅僅講個人的精神自由不同，伊壁鳩魯強調個人的精神自由是同實際地保持個人的生活自由一致的）。這條路並不遙遠，就在自己的身上和心中。伊壁鳩魯的思想和哲學為把希臘人的自由文化保存在往後歷史中作出了最為寶貴的貢獻。

伊壁鳩魯只能強調人、個人在心靈上的自由自主與和平寧靜，似乎比較消極。然而這也有一大優點，就是它不再像以前的希臘人及其哲學家的觀念那樣驕傲，那樣強調同他人的對立，而是強調獨

立的個人與他人的友愛與和諧。所以他的哲學也是對希臘傳統自由觀的一種帶根本性質的修正。就此而言，我認為他的思想比西方許多富侵略性的個人自由觀念更好些，更值得我們中國人尊重吸取。

五四以來，我國知識界大力吸取了西方的個人自由觀念，對於改造中國傳統文化有極大的好處。但是我們以前對西方自由文化還缺少真切的了解和分析，在遇到它的負面時不免又迷惘了，似乎又覺得不能要它，還是國粹最好。另外，在國家民族的危亡和革命的時期，整體性問題最突出，個人自由好像只是一種奢侈品。所以即使對西方文化十分熟悉尊重的孫中山先生，也認為不應多講個人自由，否則就沒有黨國的自由。毛澤東在領導革命和建設中更突出地「反對自由主義」、「反對個人主義」。他在把馬克思主義同中國文化結合時，實際上更多地結合的乃是中國農民和下層人民中的那種均平兼愛形態的人倫傳統。他和孫先生一樣都很嚮往「天下為公」和「大同」的人倫理想。這在組織和發動大批群眾投入革命和戰爭事業上無疑有其威力，在大規模建設的某個階段也有一定作用，但是，真正要進行和平的經濟文化和社會的建設，沒有人民的個人自由自主性的高度發揮是絕對不能成功的，而壓抑和打擊否定個人自由就一定要導致災難。大躍進和文化大革命的後果就是明證。這就表明，在中國傳統文化中，不僅儒家的宗法人倫文化必須根本改造，源於墨家農家的均平兼愛人倫文化也不能適應新時代，必須根本改造。一句話，人倫性的文化需要改造。因為它雖然有優點，卻都有不重視個人自由的根本性缺陷。現代化比過去任何時候都更需要加強社會整體和集體的團結和諧，同時也比過去任何時候更加需要發展個體個人的自由；否則怎麼能夠有一種健全的基礎，使社會的各個成員有保證地充分發揮出他們創造活力和潛力，積極參與社會建

設，從而保證經濟的高速增長，政治的不斷進步和清明，社會各種關係的不斷改進，精神文化上的蓬勃繁榮健康提升？問題已經尖銳地擺在我們面前。既然如此，那麼，我們就一定要繼續學習吸取西方的自由文化來補充自己的不足，而且應當比過去更迫切，作得更深入。

這自然不是說要排斥我們自家的文化傳統。相反，我們主張的是都要有分析和選擇地去繼承、改造和發揚。所謂分析選擇，不是說中國和西方文化都可以分為好的方面和壞的方面而我們應當選取前者拋棄後者這類簡單的辦法，那是浮面的看法，不可能真正奏效。因為一種文化原是一個有機體，優缺點是這同一個東西的兩面，是從一個根源中發生發展出來，所以只有從根源上、總體上和相互聯結上予以澄清，才有可能找出正當可行的批判吸取的途徑。我們在研究伊壁鳩魯的時候，同研究其他任何一種中國的和西方的思想文化一樣，需要有更深入一些的做法，那就是歷史的、科學的分析方法。

由於有了上述想法，所以在我訪美期間同傅偉勳教授見面並成為好友，他對我談到他和韋政通先生主編了「世界哲學家叢書」，要我也為此叢書寫一、兩本時，我就欣然同意了，而我首先想到的就是伊壁鳩魯。我衷心感謝偉勳兄和韋先生給我這樣一個機會，促成我把一些想法整理出來成書。

本書寫作中得到了王太慶教授的大力幫助。王先生是我國著名的西洋哲學研究家、翻譯家，他為了忠實地和盡善盡美地把西方哲學介紹給中國學者，已經辛勤工作了半個世紀之久，我們的大學生和研究生至今所用的西方哲學原著的基本資料差不多都經過了他的手，或者是他自己譯，或者由他校和編輯出版，現在七十多高齡仍

在翻譯柏拉圖全集。他是我的老師，後來又同事多年，他的嚴謹學風和對朋友的誠摯，使我們結下了持久深厚的友情。他總是那麼關心我的研究，所以我在寫作或翻譯中時時請他當參謀，交換看法，聽取他的指正意見，這不僅使我得益甚多，也給我許多溫暖和促進。這一次也同樣如此。在許多工作堆積在案上的忙碌中，他仍然擠出時間看了全部書稿，提出了不少重要的意見，幫助此書得到改進。對此我不能不表示深深的謝意。

我的妻子芮金蘭女士幾十年來在各種風雨和磨難中一直和我同甘苦，支持我的工作。她不僅在物質生活和精神上給我盡力支持，就是在學術研究中也時常以她對生活的深深體驗給我以啟發，本書的寫作同樣如此。對於她的默默奉獻，我總是懷有一種難以表述的尊重和感激之情。

最後，東大圖書公司的諸位先生為出版此書付出了許多辛勞，在此也一併表示我誠懇的謝意。

楊適　謹識

一九九五年八月十四日於北京大學承澤園

伊壁鳩魯

目次

第六章　人類生活和社會歷史

第七章　論天象、神以及必然性和偶然性

第八章　伊壁鳩魯倫理學：快樂同自由和友愛的關係

第一章　生平和時代

……那麼，他就是一個神，——
聽我說，一個神，崇高的明米佑。
因為是他首先發現那個生命的原則，
它現在被稱為智慧；藉他的技巧
他把生命從那樣洶湧的波濤中，
從那樣巨大的黑暗中，駕駛到
如此清朗而風平浪靜的港口裡來停泊。
試拿古代他人那些神聖的發現來比較：
傳說絲里絲為人類創立穀物的種植，
而巴庫斯則教人用葡萄漿來製酒，
但沒有這些東西人們仍然能夠活著，
據說現在有些民族就是這樣過生活。
但如果沒有一個清淨的心胸，
人的幸福生活就將不可能。
因此那個人就更應該算是一個神，
這個人所給予的生命的甜蜜的慰藉，
被遠遠地傳播於各個盛大的民族國家
現在還帶給人的心靈以撫慰。

　　　　　── 盧克萊修《物性論》第五卷序詩 ❶

---

❶　盧克萊修《物性論・卷五》序詩，見方書春中譯本頁262–263，商務

一、一個比喻中的形象

對於伊壁鳩魯的弟子和許多接受過他的教導的普通人來說，伊壁鳩魯給他們帶來了使生活幸福的福音，伊壁鳩魯就是他們的神。盧克萊修的這一描述，深深地表現了一個巨大時代 —— 希臘化和羅馬時代的人的需要。

這種時代需要，在一個一再重複的形象主題中得到了深刻的體現。這個形象就是：在大風大浪的海洋中一隻小船，船上的人們正在恐懼萬分，但是卻有一個人十分安詳，並且指示人何以平安得救……。

人們最熟悉的是耶穌基督在加利利平息風浪的故事。那故事說：

> 耶穌上了船，門徒跟著他。海裡忽然起了暴風，甚至船被浪掩蓋，耶穌卻睡著了。門徒來叫醒了他，說：「主啊，救我們！我們喪命啦！」
>
> 耶穌說：「你們這小信的人哪，為什麼膽怯呢？」於是起來，斥責風和海，風和海就大大的平靜了。
>
> 眾人稀奇說：「這是怎樣的人？連風和海也聽從他了！」❷

《新約聖經·馬太福音》第十四章裡還說，耶穌在起風浪的加利

印書館，1962 年。

❷　《新約聖經·馬太福音》8:23–27，另見〈馬可〉4:36–41；〈路加〉8:22–25。

利海面上行走，並且叫彼得過去。「彼得就從船上下去，在水面上走，要到耶穌那裡去，只因見風甚大，就害怕，將要沈下去，便喊著說：『主啊，救我！』耶穌趕緊伸手拉住他，說：『你這小信的人哪，為什麼疑惑呢？』他們上了船，風就停住了。在船上的人都拜他，說：『你真是神的兒子了。』」

　　但是在福音書故事傳播之前三、四百年，在希臘化時代剛開始的時候，關於皮羅也有一個他如何在風浪中保持平靜的軼事。第歐根尼·拉爾修記載了波塞多紐講的這則故事說，當海上起了風暴，船上的眾人都驚慌失措時，皮羅保持著平靜和信念，他指著船上的一口還在吃食的小豬對大家說，這就是有智慧的人應當保持的無紛擾的狀態❸。

　　同上述兩個故事類似，伊壁鳩魯的門徒們對他們的老師和學說也作了這樣的比喻。我們上面已經引錄了盧克萊修的那段話，就把他形容為一個將生命從洶湧波濤中引到清朗而風平浪靜的港口的智慧的人，是一個神。還有一段也很有趣，它特別顯示出伊壁鳩魯派的特殊旨趣：

　　　當狂風在大海裡捲起波浪的時候，
　　　自己卻從陸地上看別人在遠處拼命掙扎，
　　　這該是如何的一件樂事；
　　　並非因為我們樂於看見別人遭受苦難
　　　引以為幸的是因為我們看見
　　　我們自己免於受到如何的災害。

---

❸　《第歐根尼·拉爾修》(Diogenes Laertius, 以下簡稱D. L.) 第9卷68頁。
　　（以下用9.68的方式表示）

這同樣也是一件樂事，去瞭望
遠處平原上兩軍布成陣勢大戰方酣，
而我們自己卻不是危險的分受者；
但再沒有什麼更勝於守住寧靜的高原，
自身為聖賢的教訓所武裝，
從那裡你能瞭望下面別的人們，
看他們四處漂泊，全部迷途，
當他們各自尋求著生的道路的時候；
他們彼此較量天才，爭取名位，
日以繼夜地用最大的賣命苦幹
企圖攫取高高的權位和對世事的支配。
啊！可憐蟲的精神！冥頑不靈的心！
在惶惶不可終日中，在黑暗的生活中
人們度過了他們極其短促的歲月。
竟然看不見自然為她自己
並不要求任何別的東西，
除了使痛苦勿近，叫它離開肉體，
除了要精神享受愉快的感覺，無憂無慮。
因此我們看見我們有形的生命
所需要的東西根本很少，
只是那些能把痛苦去掉，
又能撒下一些歡樂的東西。
更愉快的無過於有的時候……
還能去和朋友在柔軟的草地上逍遙
在流水邊，在大樹的綠蔭底下

開懷行樂養息身體而所費不多，

……

既然財富名位或君主的光榮

都無所裨益於我們的身體，

所以應該認為它們也同樣無益於精神。❹

　　三個故事，各有其深意在，依據也各不相同。粗略說來，伊壁
鳩魯作為一個哲學家當然沒有耶穌基督那樣作為上帝之子有著能命
令風和海平靜下來的神力，他甚至也缺乏基督和甚至某些哲學家也
有的那種消除各種罪惡和實行普世拯救的氣魄。他只是說人可以躲
開世人的名利爭奪，尋求自己作為個人的在正義範圍內的幸福和快
樂的生活，達到內心的寧靜。

　　可是就此而論，他又還是比皮羅要積極得多。皮羅實際上並不
相信人能對實際狀況有任何作用，包括對個人自己的命運也如此，
認為解脫之道只能是在隨波逐流的混世中求得每個人自己心靈的無
動於衷，伊壁鳩魯則認為，儘管對於世上的風波人無能為力，但是
每一個人對於自己的生活和生命如何得到快樂和避免痛苦，還是有
著由自己來進行選擇和作出決定的方法和力量。

　　在他看來，這個世界或時代，是一片到處都在爭權奪利的戰場，
是狂風暴雨中的海洋。伊壁鳩魯要設法在這個世界裡為每個人自己
把握住自己的命運提供一種指導。這也許是「個人主義」，但這種個
人主義並不損害社會和他人，相反，它不僅與社會的正義和對他人
的友愛並容，而且這種獨立自主的個人正好從一個方面為社會的正
義和友愛創造了必要條件。

❹　《物性論・卷二》序詩，1–61，中譯本，頁61–63。

　　但是，讓我們還是先問：為什麼上面的幾個偉大思想家都用了類似背景的比喻？人類社會自從走出了伊甸園以來，幾乎總在風浪中曲折地走著。原來希臘世界不也是總有戰爭、衝突、風暴嗎？可是我們讀那個時代的哲學家作品，卻很少見到用這類比方來形容他們的世界和他們自己的處境。就連處在伯羅奔尼撒戰爭的嚴重災難中，深刻思考了生活的偉大蘇格拉底，也沒用這類比擬。現在卻一再出現了這種比喻。

　　皮羅和伊壁鳩魯已經生活在另一個時代了，這就是所謂希臘化時代。我們必須明白，「希臘化」和「古典希臘」可不是同一個概念。蘇格拉底是希臘時代的人，而皮羅、伊壁鳩魯和耶穌基督是希臘化一羅馬時代的人，他們的哲學和基督教是在希臘化和羅馬的世界裡提出來的和得到發展傳播的。

　　所以我覺得，「在風暴海洋中的一葉扁舟」這個形象，很值得我們玩味。它既突顯了時代的某種基本特徵，又寫出了生活於這時代中人心中的真正感受。它也告訴我們這時代、這世界需要怎樣的哲學和宗教。

　　要認識伊壁鳩魯，不能不首先知道這個時代的變遷。

二、 時代的大轉折
——從城邦希臘到希臘化世界

　　伊壁鳩魯（Epicurus，西元前342～前270年）是一個地道的希臘人而且是雅典公民。但是他生活在西方古代史的一個最大的歷史轉折時期，這時雅典和整個希臘的光輝時代已經過去，因為馬其頓的腓力大王和他的兒子亞歷山大大帝這時已經征服了全部希臘；換

言之，古代的城邦社會結構已成為過去，代之而起的是一種巨大的帝國，一個統一的世界。

「希臘化」世界和羅馬世界的文化，並不是城邦希臘世界文化的直接繼續，它們之間有非常不同的特點。

西元前338年，希臘反馬其頓各邦與馬其頓王腓力的軍隊決戰於喀羅尼亞，以失敗告終。雅典又一次訂了城下之盟，成為馬其頓的盟邦之一。腓力嚴厲鎮壓底比斯，寬待雅典，分化希臘各邦和雅典內部，打擊其中的反馬其頓派。次年（西元前337年）希臘各邦在科林斯會議上，實際承認了對馬其頓的屈服。據傳世碑文❺，各邦都宣誓對腓力訂立和約，不得攻擊他邦，不得侵占他邦城堡、港口，不得侵犯他邦現行憲法，並應聽從同盟議會和首領的決定，與違約者作戰。按和約內容，各邦不但對腓力，而且對他的子孫的「王權」不得有所侵犯。這樣，科林斯會議便成為馬其頓在實質上統治希臘各邦的開始。馬其頓的軍隊駐紮在希臘的一些重要地方。這次會議組成的馬其頓和希臘各邦的同盟，從形式上看與以前斯巴達為首的伯羅奔尼撒同盟或雅典為首的提洛同盟相似，並且也號稱為「希臘人」的同盟，與雅典海上同盟同一稱號，但是從本質上看，它和過去的希臘城邦聯盟是極不同的。腓力已經使自己的城邦成為一個偉大的希臘——馬其頓聯盟的領導國家。這個統一便成為一個更大的統一，即把希臘同埃及、波斯帝國範圍內東西方諸多民族包括在內的一個世界性國家的序幕。科林斯會議結束了希臘城邦制的古典時期。此後希臘各邦名存實亡，已經失去獨立的地位。西方古代史上的最重大的轉折，就是由科林斯會議開始的。

---

❺　Hicks and Hill, no. 154. 轉引自《世界上古史綱》下冊，頁204，人民出版社，1981年。

科林斯會議的次年（西元前336年）腓力遇刺身亡。他的兒子亞歷山大繼位，亞歷山大以空前輝煌的歷史業績實現了他父親的宏偉計畫。他平定了馬其頓和希臘各邦的叛亂，底比斯被攻破了，受到了極其殘暴的對待，所有的建築物除了一座廟宇和詩人品達的住屋以外，全被夷為平地，三萬人被賣為奴隸。希臘被打昏了，雅典又一次投降了。對於馬其頓，希臘現在事實上是被征服的土地，腓力生前建立的希臘同盟，從西元前335年之後已經成為馬其頓君主統治希臘的工具。於是，在西元前334年，亞歷山大便率領馬其頓、希臘的軍隊去東征了。

亞歷山大以其偉大的軍事才能，在短短的幾年裡就徹底戰勝了原先占極大優勢的波斯。西元前332年底，亞歷山大進入了埃及，完全控制了東地中海的制海權，成為埃及的君主、法老、阿蒙·拉太陽神的兒子。他在埃及尼羅河的一個河口建立了一座新城，即亞歷山大城。這座城在後來的馬其頓、羅馬的歷史和文化史上起到了非常重大、突出的作用。西元前331年10月亞歷山大與波斯王大流士決戰於阿爾比勒，亞歷山大大獲全勝，大流士撤退逃走，不久便死於他的將領之手。亞歷山大征服了東方，一直到達中亞和印度。他在所到之處，到處建立以他的名字來命名的城市，所以有許多亞歷山大城，標誌他的勝利和新帝國、新世界的輝煌業績。

亞歷山大死於西元前323年，只有三十三歲。在他死後，希臘各邦以雅典為首，又掀起反馬其頓統治的鬥爭。但拉米亞一役，希臘雇傭軍雖獲勝，最後仍被馬其頓所敗。馬其頓戍軍駐入鄰近雅典的穆涅奇亞，雅典公民權僅僅給予家財有2000德拉馬克以上的富人，為數僅9000人，其餘12000人失去公民權利❻。反馬其頓派首

---

❻　〈帶奧多拉斯〉：XⅧ，18，4–5，轉引處同❺，頁207。

領德謨斯梯尼自殺。此後雅典和希臘各邦的歷史儘管仍充滿著反馬其頓人統治的鬥爭、內部親馬其頓派和反馬其頓派的鬥爭。它們雖爭得馬其頓統治下自治城市的地位，已不可能恢復原先獨立自主的城邦國家。

亞歷山大過早和突然的死亡，使他建立的這個空前大帝國不能得到鞏固與有秩序的繼承，立刻就陷入野心家們彼此爭奪的罪惡與混亂之中。經過爭奪，它不久就被三個馬其頓的將軍所瓜分：馬其頓和希臘這部分本土落到了安提戈努斯之手，為馬其頓王國；塞琉古占領了原波斯帝國的大部分地區，他建立了一個王朝，是為塞琉古王朝；托勒密掌握了埃及，他以亞歷山大城作為他的首都，並建立了海上優勢，把塞浦路斯和腓尼基以及小亞細亞的大部分海岸保持在自己手中。相比之下，托勒密的埃及帝國持續的時間最長（直至西元前31年屋大維戰勝安東尼，托勒密王朝的最後一位女王克里奧帕特拉自殺時止），塞琉古帝國次之，小亞細亞和巴爾幹的政府形式較不穩定。埃及、塞琉古、馬其頓這三個國家雖然是亞歷山大帝國版圖的瓜分，但是它們中的每一個仍是相當大的帝國，不是原先的希臘任何城邦可以與之比擬的。這表明，儘管亞歷山大大帝及其後繼者並沒有實現一個較為穩定持久的大一統局面，西方歷史畢竟已經越出了作為其開端的希臘城邦時代。新的時代——「希臘化時代」是多民族組合在一起的世界性國家的時代。

通過馬其頓人的統治，希臘文化和東方文化實現了「聯姻」、交流，這為西方歷史的發展開闢了前所未有的前景。在此之前，唯一有系統的政治哲學只是以小城邦的經驗為根據的，希臘人頭腦裡從沒想到過實現一個統一的國家。自從有了亞歷山大，關於建立一種世界性的政治和法律的國家組織的想法，已是一個可以考慮和為之

努力的概念了。

　　亞歷山大的事業對西方歷史及其文化而言，是世界可能統一、將要統一的預示或起點。它後來由另一個偉大的民族羅馬人完成了。羅馬帝國的規模及其穩固、強大和持續性遠勝於亞歷山大及其後繼者的業績。但無論如何，馬其頓人所建立的世界已經非常不同於希臘人的城邦世界，開始了西方歷史中的新階段。

　　概括地說，馬其頓和羅馬人的征服與統治，在古代西方歷史上，以取消小型的獨立城邦的自由的形式，第一次創造出了一個當時人類所能知道的最大可能的統一的世界。希臘人的城邦已經不是氏族和家族那種最古老久遠的人類社會結構，而是在商品經濟瓦解了人們的氏族結構後重建的新型國家和社會的形式；但是由於每個城邦原來是親密的氏族部落聯盟，由於城邦範圍地小人少大家相互熟悉，由於在同外族及其他城邦的對立中，同一城邦的公民有著最切身的共同利益需要維護，更由於雅典等城邦建立起了全體公民管理社會政治的民主制度，使個人和集體處於生動的一致之中，因而城邦共同體對於希臘人來說，是他們非常親切的祖國和家園。城邦是希臘人安全和自由的保障，是他們掌握自己命運和未來的希望所在，所以那時儘管希臘人面臨的外部內部紛爭衝突不斷，有時災難也極為嚴重，但是人們卻總還有盼望。例如，蘇格拉底在伯羅奔尼撒戰爭期間和以後雅典最艱難的時期的哲學說教，雖然在指責人們道德墮落時十分激烈，但目的還是要鞭策雅典公民們為了城邦而改善自己的靈魂，可見他對雅典城邦仍然保持著堅定的信念。但是在進入希臘化時期後，希臘人的城邦已經名存實亡，希臘人失去了家園感，無家可歸。那馬其頓帝國的大世界，儘管空前擴大了希臘人的活動範圍，可是這世界對他們畢竟是陌生的、異己的，充滿著大風浪和

不可捉摸的神秘性，個人同這個世界沒有溝通的可靠通道，沒有聯結。因此人心總是惶惶不定，沒有安寧，處於很深刻的痛苦中。這也許就是「海洋裡起了大風暴，在大風大浪中的一條小船」形象所要寫照的實際情境和心境。

希臘人現在必須適應新的情況。除了實際的生活，他們的精神生活──包括哲學在內，必須有所轉變。

有三個有名人物，亞歷山大、亞里士多德和犬儒學派的第歐根尼，他們去世的時間幾乎同時（西元前325、323、322 年）。亞歷山大曾是亞里士多德的學生，但是後來他卻更傾心於第歐根尼。有一段軼聞說，一次，他站在一無所有的第歐根尼面前，問他想得到什麼禮物。第歐根尼的回答是：「走開，別擋住我的陽光。」據說亞歷山大的說法是，「如果我不是亞歷山大，我就願意當一個第歐根尼。」❼ 犬儒第歐根尼已經提出了一種新的對人的看法和以此作基礎的價值觀。他不像他的前輩蘇格拉底那樣執著於自己的城邦，他的道德價值全然不管什麼城邦、民族和人的社會地位，所關心的只是作為個人的「自然」或「本性」（φύσις，即nature，有此兩義，其原始本義為「客觀的、本來的東西」，即「返本歸真」）；認為做人的要務就是要按自己的本性返於自然。在這時代，亞歷山大征服的是外部的世界，第歐根尼則指示出人們應如何去征服他們自己的恐懼和欲求，達到內心的平靜和新環境下可能允許的幸福感。亞里士多德是第歐根尼同時代人，彼此卻很少有共同之處。亞里士多德在新時期被人冷落遺忘不是偶然的。

犬儒學派對文明和傳統的價值不屑一顧的否定批判態度，和只管個人的善，只以所謂「自然」作為生活的指導的思想，預示了新

---

❼ D. L. 6. 32.

時期哲學中許多有重要意義的傾向。然而最能表示時代哲學轉折的，還要數皮羅所代表的懷疑主義。皮羅主義只承認變幻不定的現象顯現而拒絕對它作任何判斷，拒絕給現象顯現規定任何確定的原因和理由、本原或本體，因此否定了以往所有的哲學體系，認為它們都是沒有基礎的武斷。他們認為只要對一切判斷都懸疑，就否定了是非，擺脫了精神上的煩惱，獲得了內心的寧靜。

　　但是，皮羅派的懷疑主義畢竟太消極。希臘人雖然失去了自己的城邦和政治上的獨立自由，也從新世界開闊了自己的活動範圍與眼界，克服了從前那種希臘至上的狹隘盲目驕傲心理，學會了同其他民族平等共處；另外，希臘人是享受過公民個人自由的偉大民族，儘管實現它的條件現在改變了，但是已經吃過禁果的同從沒嚐過它的滋味的人總是不一樣，這種傳統仍然活在希臘人心中，保留在希臘化的文化裡，這就給出了一種可能性，去創造一種比較積極地適應這個世界，求得個人心靈寧靜的救人救己的救世藥方。伊壁鳩魯就是展現這種可能性的一個最卓越的榜樣。

三、伊壁鳩魯的生平和學派流傳

　　就在這場大變動的最初年代，伊壁鳩魯誕生在靠近小亞細亞的薩摩斯島上，他的父親是一個在薩摩斯島移民的雅典公民紐克勒斯(Neocles)，母親名克蕾斯特拉(Chaerestrate)，他們於西元前352年或351年移居薩摩斯，但保持著雅典公民的身分。伊壁鳩魯生在那裡，是在西元前341年，並且在薩摩斯長大直到西元前323年他18歲時。他有三兄弟，與其父親同名的紐克勒斯，卡勒得姆斯和阿里斯脫布魯。一家子一起生活得和諧幸福，後來伊壁鳩魯一生始終對他

的父母和兄弟有著厚愛。

　　他父親是一位學校校長，伊壁鳩魯從他那裡受到初等教育。有些攻擊者嘲笑他是一個很差勁的基礎學校 (grammalodidaskalos) 教員的兒子，這種小學教育在古代被視為窮人的低級教育而受人輕視。可是伊壁鳩魯在幼年就已表現出智力上可貴的品質和獨立思考能力。塞克斯都・恩披里可報導說，在伊壁鳩魯14歲時，有一次，他的老師教赫西阿德的詩篇《神譜》，讀到其中一行：「真的，最初創生萬物的乃是混沌」，伊壁鳩魯就問他的老師，如果最初是混沌創造萬物，那麼混沌是從哪裡來的。當這位老師說這不是他的事，只能由那些叫做哲學家的人才能教人明白這類事情時，伊壁鳩魯就說：「那好，要是有人懂得真理，我就要去找他們」。❽這使他轉向了哲學。於是他從一個名叫龐費魯斯 (Pamphilus) 的柏拉圖派學者學習約四年之久。

　　西元前 323 年他十八歲時到了雅典，這一年亞歷山大大帝突然去世，希臘和雅典藉此機會掀起了反馬其頓的浪潮。為了避免雅典掀起的反馬其頓浪潮的衝擊，亞里士多德離開雅典躲避到卡爾西斯島。這是形勢非常動盪的一年。伊壁鳩魯到雅典是為了履行他兩年服兵役的公民義務。未來新喜劇的著名作家米南德是他服兵役時的伙伴。人們認為伊壁鳩魯在這個時期，會去柏拉圖派的學園和亞里士多德派的呂克昂聽一些課程。這一次他在雅典只有兩年。

　　在西元前 321 年，當他服完兵役後回家時，到了科羅封。這是地處小亞細亞的一個希臘城市，據說荷馬就出生在那裡。當時馬其頓在小亞細亞的長官下令要在薩摩斯的雅典移民搬遷到科羅封，所

---

❽　Sextus Empiricus, *Against the Physicists*, 2. 18–19, tr. by R. G. Bury, Harvard University Press, 1936.

以他的父母便帶著全家去了。在科羅封，伊壁鳩魯生活了十年，這個期間對他在哲學上的成長相當重要。據史家阿波羅多洛說，伊壁鳩魯去羅得島跟一位名叫普拉克希芬尼 (Praxiphanes) 的著名逍遙派哲學家學過一段時間，不過伊壁鳩魯本人否認這件事。比較確切的是他跟一個德謨克利特派原子論者瑙西芬尼 (Nausiphanes) 學習過。據第歐根尼·拉爾修說，瑙西芬尼年輕時對懷疑主義者皮羅非常佩服，在各種場合時常說，我們在生活氣質上應該仿效皮羅，但不是在學說方面❾。

皮羅（Pyrrho，西元前365－前270年）是生活在這個希臘和西方古代歷史大轉折時期的最重要的思想家之一。我們也可以說正是他，是這個轉折在哲學上的首要標誌。他的影響，對伊壁鳩魯產生自己的哲學有極其重要的意義。

皮羅原是一個普通的窮畫家，早年向麥加拉派的斯提爾波學過些邏輯或所謂「辯證法」。後來他跟阿那克薩庫斯(Anaxarchus)學習並且與這位亞歷山大大帝的宮廷哲學家作伴，隨亞歷山大東征的隊伍漫遊世界各地。阿那克薩庫斯是德謨克利特的二傳弟子，即德謨克利特的學生梅特羅多洛的學生。德謨克利特的哲學原有相當濃厚的懷疑論色彩（不相信感覺和現象世界和關於它的知識有什麼可靠性），梅特羅多洛發展了這種傾向，其名言是：「我不知道什麼，甚至不知道『我不知道』是怎麼一回事。」 阿那克薩庫斯也是如此。皮羅受到這方面的影響，特別是他漫遊世界各地，見多識廣，據說同印度的裸體智者、波斯的僧侶有很深的思想交往，生活在亞歷山大所引起巨大變動的時代，他從個人的角度有許多親身的了解體驗。從這些因素中，他形成了自己特有的以徹底懷疑主義為特徵的人生

❾　D. L. 9. 64.

態度和哲學思想，其中心就是以對一切都「懸疑」的方式來保持個人內心的無紛擾和「寧靜」。

第歐根尼・拉爾修說到阿那克薩庫斯慘死的事件，我想它一定會給皮羅留下永不能磨滅的印象，對我們認識皮羅哲學的實質很有幫助。這故事是這樣的：阿那克薩庫斯得罪了塞浦路斯的君主尼可克瑞翁(Nicocreon)，因為在一次宴會上亞歷山大問阿那克薩庫斯對酒宴是否喜歡，他答道，「君王，這一切都很氣派，只是缺了一樣東西，那就是某個總督的腦袋應該放在這張桌子上。」這指的就是尼可克瑞翁，於是就結下了深仇大恨。亞歷山大死後，尼可克瑞翁就設法迫使阿那克薩庫斯到了塞浦路斯，並把他抓起來放在一個大石臼裡，下令用鐵杵把他搗成肉醬。在這個恐怖的時刻，據說阿那克薩庫斯說了如下的話：「搗吧，搗，搗那裝著阿那克薩庫斯的臭皮囊，但搗的並不是阿那克薩庫斯。」當尼可克瑞翁下令割掉他的舌頭時，傳說他把自己的舌頭咬下來啐向他的敵人。由於阿那克薩庫斯的堅忍自得，被稱作「幸福的人」❿。這真是一種特別的人生幸福觀。

恐怕我們只能從那個時代才能體會這也能算作是一種幸福。阿那克薩庫斯曾是亞歷山大大帝寵愛的座上客，且有可能置別人於死地，轉眼之間，靠山一倒，就成為仇敵的俎上肉。作為純個人遭遇，這類事別的時代一樣會有。但是在失去了城邦獨立自主，掌握自己命運已沒有可能的世界裡，這類人世禍福變幻的感受就會引起普遍共鳴。既然實際生活裡不可能有解決辦法，那麼就只能從自己的精神上找出路。皮羅無疑從阿那克薩庫斯身上學了不少東西，包括其德謨克利特派懷疑論因素和與之結合的實際生活實踐。

皮羅喜愛離世獨處，因為他有一次聽到印度裸體智者批評阿那

❿　D. L. 9. 58–60.

克薩庫斯的話，說只要他還在宮廷裡伺候君王，就決不能教導人什麼是善❶。事實上阿那克薩庫斯投靠權力固然曾得意一時，卻種下了後來遭到慘禍的根源。皮羅要看得透些，他遺世獨立，對一切東西，包括權力和財富，以及世上的所謂「得」「失」與「是」「非」,都置於不顧。為了使人看透這些，他從思想上論說世上的一切都是不可能弄清它們是什麼的，因而不必過問並應遠離所有的是非。人只是任憑感覺來生活就行了，這樣心便可以離開煩惱，獲得安寧。從而他提出了西方古代最徹底的懷疑主義哲學來服務於追求內心的寧靜。

第歐根尼·拉爾修在皮羅傳記中報導說，伊壁鳩魯十分讚揚皮羅的生活方式，常常詢問瑙西芬尼有關皮羅的故事❷。我們也許可以認為，伊壁鳩魯把獲得寧靜作為基本的生活信念，可以追溯到這一段皮羅對他的影響。

看來伊壁鳩魯對於瑙西芬尼和其他哲學家給他的哲學教育是很不滿意的。後來，這位對普通人很和善的思想家，對他不滿意的哲學家罵起來卻相當尖刻。他說瑙西芬尼是個沒意思的人，因為他也喜歡有點想法就動不動自吹，同許多有奴性的人一樣。還時常把他叫做「海蜇」❸，一個缺少教育的人，一個「騙子」、「懶婆娘」。伊壁鳩魯還稱柏拉圖的弟子是「拍狄奧尼蘇斯的馬屁的人」，亞里士多德是個浪子，普羅泰戈拉只是個給德謨克利特拎皮包和當秘書的，是個鄉下教師，赫拉克利特是個製造混亂者，德謨克利特是個瞎說的販子，犬儒派是希臘的敵人，而皮羅則是個無知的鄉巴佬❹。

---

❶ D. L. 9. 63.

❷ D. L. 9. 64.

❸ 據R. D. Hicks 注，這個綽號的意思當是指遲鈍和麻木，而不是軟弱。

這些罵人的話，恐怕只能從西元前 4 世紀後期以後各派哲學之間的相互攻擊謾罵的背景來了解。當時別人辱罵伊壁鳩魯很難聽，誣蔑之辭更多，伊壁鳩魯為了回敬，說得難聽可以諒解。此外，還有一個重要因素，那就是伊壁鳩魯特別強調他是「自學」的，也就是說要突出他自己的獨立的旗幟，不願被別人認為他同其他哲學家和派別有聯繫及受其影響。我們從他早年就富於獨立思考和批判精神可知，他的這種強調不是沒有道理的。我們不僅要看到他的哲學對前人的繼承，恐怕更應注意到他的獨創性。

在科羅封的年代，伊壁鳩魯主要致力於獨立的鑽研和沉思，形成了他的學說的基本思想，這是他的關於人生的哲學。後來他在致美諾寇的信的起頭就寫道：「當一個人年輕的時候，不要讓他耽擱了對智慧的尋求，當他年老的時候，也不要讓他對他的研究產生厭倦，因為對於關心心靈健康的人來說，決沒有太早或太晚的問題。」❺這裡也包含著他自己在這一段期間的生活和學習思考的體驗。

列斯波斯島上的城市米提林，曾經是希臘文明的一個中心，出過一些著名人物如詩人薩福(Sappho)、阿卡烏斯(Alcaeus)，亞里士多德在這裡當過教師，他的門生接他為逍遙學派首領的泰奧弗拉斯特也出生在列斯波斯。現在伊壁鳩魯在科羅封十年之後，也到這裡來試一下自己的理論能力。不過他在米提林只住了一年。因為對他的敵視和攻擊很厲害。他已經同瑙西芬尼爭吵，由於他輕視數學、辯證法和修辭學，很容易招致柏拉圖派和亞里士多德派的厭惡。這些敵對和煩惱使他不得不離開米提林，跑到朗卜沙柯(Lampsacus)。

第歐根尼・拉爾修說：「當他三十二歲時他建立了一個哲學派

---

❹　　D. L. 10. 8.

❺　　D. L. 10. 122.

別，起初在米提林和朗卜沙柯，五年後移往雅典……」**⑯**。這個說法似乎把伊壁鳩魯派建立的時間說得過早，但在這個時期已經顯示出他建立獨立的新哲學學派的意圖和最初努力，是可信的。這一點在他去朗卜沙柯時是特別明顯的。

朗卜沙柯是位於小亞細亞西北的城市，他在那裡住了約五年（西元前310～前306年），致力於吸引他的追隨者，取得了重要的成就。他在雅典建立學派的許多主要成員就是在這個時期聚集起來的。如赫馬庫斯(Hermarchus)，後來成為他的繼承人即第二任的學派領袖，他同梅特羅多洛(Metrodorus)建立了終生的友誼，還有伊多梅紐(Idomeneus)，里奧丟(Leonteus)和他的妻子苔米絲達(Themista)，科羅特(Colotes)，畢陀克勒(Pythocles)等等。其中有的人後來在物質上對伊壁鳩魯也有重要幫助，這些對於伊壁鳩魯派的建立和維持都有十分重要的關係。

這些成功顯然鼓舞了伊壁鳩魯，也鼓舞了他的同伴。伊壁鳩魯同他的學生和朋友所建立起來的友誼，使他堅信「在智慧所能提供給人生的一切幸福中，以獲得友誼為最重要」**⑰**。

有了自己的觀點和哲學，又有了一批穩定的擁護者，也有了經濟條件，伊壁鳩魯就可以著手建立自家的新學派了。他選擇雅典來作為建立學派的地方，從哲學家的角度和那個時代的情況看是很自然的事。於是伊壁鳩魯於西元前306年回到了雅典。他花了八十麥那（minae，古希臘貨幣單位，每麥那合100塊drachma）購置了位於美里特(Melite)的一所房屋和附近的一個小花園，作為建立自己學派所需的生活和研究的基地或學校。「有一段時間他的研究和其他哲學

---

⑯　D. L. 10. 15.

⑰　伊壁鳩魯的《主要原理》第27條，見D. L. 10. 148.

家一樣，但後來他便提出了以他的名字來命名的這個學派所依據的獨立的見解。」⓲ 通常認為這一年是他的學派建立的時間。這時他三十五歲，從他十四歲開始接觸哲學，到這時已有了二十載研究思索和生活的體驗。

伊壁鳩魯建立的團體與柏拉圖的學園、亞里士多德的呂克昂學校非常不同，它與其說是一所學院或研究中心，倒不如說是一個按共同原則在一起生活的人們所組成的非常友愛的小社會。在伊壁鳩魯的學說和團體裡，友愛具有特殊重要的意義和價值，而「花園」就是實現他們友愛的一塊樂土。在這裡有他的三個兄弟、一些朋友和他們的妻子孩子，其中還有一些原來是奴隸和妓女的人們。伊壁鳩魯親自掌管這所學校，他的兄弟和一些親信的弟子協助他的工作。「來自各方的朋友到他這裡同他一起生活在這所『花園』裡。……但是伊壁鳩魯並不認為財產共有是正確的，像畢達戈拉派關於友善的格言所要求的那樣。按照伊壁鳩魯的意見，畢達戈拉派的這種實踐包含著不信任，而沒有信任也就沒有友誼。」⓳「花園」是伊壁鳩魯實踐他自己的友誼觀的地方，是一所他的私人的學校，在這裡他向他的朋友們顯示他對人的真誠友誼，其中包括了婦女和奴隸，它是希臘第一所也向著婦女開放的哲學學校。

在「花園」裡伊壁鳩魯和他的弟子們「過著非常簡樸的生活，有半品脫的薄酒就很可滿足了，通常則飲清水」，伊壁鳩魯本人是簡單需要和生活清淨的樣板，「他滿足於平常的麵包和水，他說，『送我一小罐奶酪，那，在我需要的時候，就很愜意覺得夠奢侈的了』。⓴」

⓲　D. L. 10. 2.

⓳　D. L. 10. 11.

⓴　D. L. 10. 11.

伊壁鳩魯得到了許多忠實的弟子和朋友，他最喜愛的梅特羅多洛很有才智，寫了不少著作，可惜先於老師而死，使他非常哀痛。科羅特也是很有才能的忠實的伊壁鳩魯主義者，他批評柏拉圖派和其他學派有力，普魯塔克後來專門寫有《答科羅特》來答辯。赫馬庫斯是他臨終時委託的學派繼承人。

伊壁鳩魯的新哲學不但同古典時代的那些很有影響的大哲學家及其派別不同，也同皮羅和學園懷疑派以及斯多亞派有尖銳的分歧，他和他的弟子必須不斷地同這些很有影響力的競爭者進行鬥爭。不僅有思想學術方面，而且還必須抵禦對手的人身攻擊，其中斯多亞派一些人無論在伊壁鳩魯生前和以後都比較突出。例如有些敵對者以「花園」中有當過妓女的婦女為由，作為誹謗伊壁鳩魯和他的這派的理由之一。第歐根尼·拉爾修在轉述了那些攻擊之後寫道：「講這些話的人真是瘋了，有大量的證據說明我們的哲學家對於一切人的善意，那是沒有人能超過的，他的故鄉為他立銅像表示尊敬，他的朋友之多不計其數，了解他的人都為他的學說傾倒，他的學派在他和他的同伴都去世後沒有中斷地繼續著，他對父母孝敬，對他的僕人寬厚有禮，他們都成了學派團體的成員這個事實就可以證明他的心地，其中最突出的一點是他對於奴隸米斯 (Mys) 的愛；一般說來，他的仁愛及於全人類。他對神的虔敬和對祖國的情感是無法用語言表達的。」❷

伊壁鳩魯主張人應生活得快樂幸福。但這是同他的關於什麼是幸福的整個學說相一致的，完全不是那些中傷者所說的放蕩縱欲，因為放蕩縱欲正是伊壁鳩魯不贊成的行為。「我們認為知足是一件大善，並不是因為我們在任何時候都只能有很少的東西享用，而是因

為如果我們沒有很多的東西，我們可以滿足於很少的東西。……當我們說快樂是一個主要的善時，我們並不是指放蕩者的快樂或肉體享受的快樂，如有些人由於無知、偏見和有意歪曲的那樣。我們所說的快樂，是指身體的無痛苦和靈魂的無紛擾。」❷

他的團體生活得非常簡樸，飲食主要是麵包和水，伊壁鳩魯覺得這也是很可滿意的了：因為這是最合於自然的需要，比較容易得到。講究和奢侈的東西雖然能給人快樂，卻由於不易得到，就會使追求它的人陷於煩惱。他給朋友寫信請他們捐助糧食、乾酪和很有限的金錢，作為「我們的神聖團體」的生活必需之用。

伊壁鳩魯的哲學完全是為人的生活實踐所用的，而他自己就成為這一派人的生活典範。他備受疾病折磨，臨終前他在給他的朋友和弟子伊多梅鈕(Idomeneus)的信裡寫道：「在我生活的最後時刻，這個可祝福的日子，我給你寫這封信。我的痛性尿淋瀝症和胃病一直持續著，沒有什麼痛苦能比之更劇烈了。但是我心中追憶著我們談話的快樂，卻位於這些痛苦之上。請照顧梅特羅多洛的孩子們吧，正如我可以期望於你永遠愛我和哲學那樣。」❸他寫下遺囑，在仔細交待後事時，諄諄囑咐弟子們要照顧好團體成員們特別是去世的朋友的孩子們，並使奴隸們（如Mys, Nicias, Lycon和女奴Phaedrium）獲得自由。然後洗了一個澡，要了一杯葡萄酒，叮嚀朋友們記住他的教導，就嚥了氣。在病痛和死亡面前，伊壁鳩魯十分自然地安詳寧靜，實踐了自己的哲學，達到了很高的福樂境界。

德維特 (N. W. Dewett) 說伊壁鳩魯主義可以恰當地被稱作「希臘人中產生的唯一福音哲學」❹，通過在雅典以及在朗卜沙柯、米

---

❷　伊壁鳩魯《致美諾寇信》，D. L. 10. 130–132.

❸　D. L. 10. 22.

提林等各地的門徒，伊壁鳩魯的人生福音傳播到希臘化世界各地，在東方的安條古和埃及的亞歷山大里亞這兩大城市，伊壁鳩魯派很早建立起自己的影響，後來又廣泛傳播到意大利和高盧。西塞羅(他不贊成伊壁鳩魯主義)在西元前一世紀中葉寫道：「(羅馬的)伊壁鳩魯派以他們的著作占領了全意大利」❷。當時一些著名的羅馬人物信仰伊壁鳩魯主義，連凱撒也予以贊許。在羅馬共和國覆滅前，伊壁鳩魯主義達到了它的最盛期。後來它在羅馬斯多亞派和基督教的競爭中才逐漸衰落下來。

　　即使如此，斯多亞派的著名哲學家塞涅卡也極為稱贊伊壁鳩魯的道德學說，經常大量引證他的話。這似乎可以表明伊壁鳩魯主義後來在別的形態中仍繼續起著一種值得我們注意的作用。德國著名哲學史家蔡勒 (Zeller) 列舉了羅馬帝國後期一連串伊壁鳩魯主義者的名單。生活在西元三世紀上半葉的第歐根尼·拉爾修雖然不是一個嚴格意義上的伊壁鳩魯主義者，至少也是它的一位同情者和好朋友。蔡勒指出伊壁鳩魯主義比大多數其他學派活的時間更長，直至基督後的第四個世紀❷。特別值得提到的一件事是，1884 年在現今土耳其內地一個古代叫作奧伊諾安達(Oenoanda)的地方，發現了一位名叫第歐根尼的老人在西元二世紀時在一塊巨石上鐫刻的一個長篇哲學銘文。這是第歐根尼為了幫助他的同胞和人類使之成為幸福的人，而向他們講述的一個伊壁鳩魯學說的綱要。這篇銘文不僅增

❷ N. W. De Witt, *Epicurus and his Philosophy*, Minneapolis, 1954, p. 329.

❷ Tusc. 4. 6–7.

❷ E. Zeller, *The Stoics, Epicureans, and Sceptics*, Tr. in English by Oswald J. Reichel, London, 1870, pp. 392–393.

加了我們對伊壁鳩魯主義的了解，也證實它的那種福音傳播的長期性和生動性。

四、著作和有關研究資料

伊壁鳩魯本人寫作極豐，第歐根尼・拉爾修提到他的「最好著作」的題目有四十一種，共三百卷，主要的有《論自然》三十七卷和《論準則》，以及包括《論生活》、《論目的》和《論棄取》在內的倫理學著作，還有些與人論戰的作品，以及書信。第歐根尼・拉爾修全文引錄了他的三封書信，認為這是他對自己全部哲學所寫的綱要。他還全文引錄了《主要原理》四十條，以及某些他認為有價值的其他的語錄，他說知道了這些，人們就能從一切方面研究伊壁鳩魯的哲學並知道如何判斷他 ❷。

伊壁鳩魯的絕大多數著作都沒有留下來，但是這對於我們了解他並不是很大的問題，他本人也強調「概要」能使無法仔細閱讀他的全部著作的人「牢牢記住最基本的原則」，有研究的人也應牢記它，「因為基本原則是經常需要的，而細節很少用得著。」❷

三封信中，《致希羅多德的信》是他的原子論自然哲學的綱要，《致畢陀克勒的信》闡述他對於天象之類問題的見解，《致美諾寇的信》對於他的倫理學提供了一個綱要。《主要原理》(英譯 "*Principal Doctrines*"，或譯為 "*Chief Sayings*"，"*Sovereign Maxims*") 匯集了伊壁鳩魯基本觀點四十條，在古代極其著名。它可能是某個忠實弟子從伊壁鳩魯卷軼浩繁的著作中摘引匯編而成，但在古代，人們

---

❷ D. L. 10. 27–29.

❷ 《致希羅多德的信》，D. L. 10. 35.

都視為伊璧鳩魯本人所撰寫。由於伊璧鳩魯總對弟子們強調要牢記他的學說的綱要，也親手寫過這類綱要，所以這四十條也有可能是他本人的作品。如果說三封信從不同方面提出了觀點綱要，《主要原理》則是一個更加全面的總綱。

另外，還有一份在1888年被發現的十四世紀的梵蒂岡手稿本中找到的《伊璧鳩魯語錄》，稱作*The Vatican Sayings*。其中許多條和《主要原理》相同或相仿，可以參考。但原手稿有殘損，有些條被認為並非屬於伊璧鳩魯。

在留存下來的這個學派的文獻中，最重要的是羅馬詩人盧克萊修的《物性論》(*De rerum natura*)。盧克萊修生平不詳，長詩本身表明作者是一位忠誠熱情的伊璧鳩魯主義信徒。他認為伊璧鳩魯的教導是人類得救的唯一思想源泉，作品詳細論證和表述了伊璧鳩魯整個學說。我們在研究伊璧鳩魯的著作有不明之處，可以用他的作品作為忠實的解釋。

另外，十八世紀在意大利赫爾庫蘭(Herculaneum)出土的某羅馬富人圖書館裡的紙草卷中，保留了一位伊璧鳩魯派哲學家噶達拉的費洛德姆 (*Philodemus of Gadara*) 的著作殘篇和伊璧鳩魯《論自然》的某些殘篇。我們上面提到的那位奧伊諾安達的第歐根尼的刻石碑文，也很有價值。這是考古發現的可信原始資料。此外，西塞羅、普魯塔克在論戰中保存了一些有關伊璧鳩魯派的資料。塞涅卡引用過大量伊璧鳩魯的言論，塞克斯都‧恩披里柯對於伊璧鳩魯哲學也提供了十分有用的知識，都可作為重要參考。

一般說來，研究伊璧鳩魯派哲學也就是研究伊璧鳩魯本人的觀點。因為這一派的理論，就其理論形態本身而言，在他們的師祖之後幾乎沒有多少改變。學者們說這可以歸因於伊璧鳩魯本人的態度，

他宣稱他的學說已經完備，並且是由他獨立發現的，既無求於前人也無需後人予以改進。所以這一派一代代的信徒都滿足於遵從導師的學說。例如盧克萊修《物性論》雖然詳盡地發揮了伊壁鳩魯學說，但是人們一般並不視為一種新發展。甚至有人猜測它可能是伊壁鳩魯本人留傳下來的一份大的綱要的發揮，其理由是伊壁鳩魯在《致赫羅多德的信》中說他已寫有一個綱要，而這封信本身只是一份簡短的綱要；在《致畢陀克勒的信》中又說他的致赫羅多德信講的只是個「較小的綱要」(Lesser Epitome) ❷，因此人們認定他寫有一個「較大的綱要」(Greater Epitome)。據此人們猜測盧克萊修的大作很可能是以這份「較大的綱要」為藍本和思想源泉的 ❸。

　　伊壁鳩魯派學說一以貫之地傳承卻很少改變，可能同他和他的弟子的保守態度有關，不過這一派既然能持存許久而不衰，卻不能只用他們的主觀理由來說明，我們認為，這應該說是表明了這個學說本身包含著持久的要素，至少我們可以認為，它在一定程度上相當適合那個時代的某種精神上的需要。

---

❷　D. L. X. 35–37A, 85A.

❸　最近美國出了一本大談盧克萊修同伊壁鳩魯有重大分歧的小書，但是沒有提出值得注意的論點和理由，我認為還不值得給予重視。

第二章　學說宗旨和概貌

一、求知不是目的，人生才是目的

　　伊壁鳩魯哲學有一個體系，分為準則學、物理學和倫理學三個部分。但是我們在討論這個體系之前，需要對他的整個思想有一個概觀。因為伊壁鳩魯和他這一派同以前的傳統哲學家不同，他們認為哲學追求的目的就是知識，而伊壁鳩魯認為人之所以要對自然知識社會知識和原子論等等有興趣並加以研討，只是為了人生，為了使生活得到快樂。近人柯普勒斯通(Copleston, S. J.)說：「伊壁鳩魯對認識論的興趣只在於他的物理學需要某些準則，而他對物理學的興趣只在於他的倫理學需要這種物理學，因此伊壁鳩魯集中注意於倫理學的程度比斯多亞派更甚。」❶可以認為這個說法大體上是正確的。這裡說的「倫理學」，就是伊壁鳩魯對人生的看法。所以如果我們一上來只注意他的學說體系，在沒有好好領會他們的學說所要服務的目的之前，就隨著這三部分的內容走，並不是理解伊壁鳩魯思想的好辦法。

　　同亞里士多德把「求知」規定為哲學的目的不同，伊壁鳩魯明確地把獲得人生的快樂幸福當做他的哲學的目的。他認為知識以至哲學的智慧本身並不是我們應當關心的基本問題。他說，如果不是

❶　Copleston, S. J., *A History of Philosophy*, Vol. 1, p. 402.

由於人們對天象的異常現象、死亡等等的畏懼和憂慮有待消除，那麼我們就根本無需研究自然哲學。我們研究它的目的只是為了得到心靈中純淨的快樂（《主要原理》第10、11條）。他還說過這樣的話：那些不能為人的苦難提供治療的哲學家的言詞是空話。正如

> 醫學知識若對身體的疾病不能治療就毫無用處一樣，哲學若不能驅除靈魂的痛苦也是毫無用處的。❷

在伊壁鳩魯看來，哲學只是在能夠成為救治人的心靈病痛的有效藥方時才有意義。所以他對於哲學的說法也不大一致。如有時他似乎很貶低哲學，認為還不如處事謹慎重要。他說：「這一切（去苦得福）的開始與主要的善，乃是審慎。因此審慎甚至比哲學還要可貴。」（《致美諾寇的信》，D. L. 10. 132B）。有時又把哲學擡得極高，如說：「一個人在年輕時不要放鬆對哲學的學習，到年老時也不要對之厭倦，因為對於照顧靈魂的健康來說決不會嫌早或嫌晚。說研究哲學的時間還沒到來或已經過去，就如同說要享福樂的時刻還嫌太早或已經太晚一樣。因此，年輕人和老年人都應研習哲學。……所以我們一定要研究能給我們帶來幸福的學說。因為有了它我們就有了一切，要是缺少了它，我們就應當盡一切努力來得到它。」（同上，D. L. 10. 122）不過這兩種說法只不過是形式上有點分別，實際上完全是一致的：如果把哲學同「審慎」分開來說，也就是說，如果把哲學的理性智慧孤立起來，同生活中的實踐智慧分開，那它就沒有多大意義，甚至不如後者重要。但如果把哲學當作生活福樂

---

❷　引自 Porphyry, To Marcella 31 (Usener 221)，轉引自 A. A. Long & D. N. Sedley, *The Hellenistic Philosophers*（以下簡稱HP），p. 155。

的理性指南，同實踐的智慧結合，那麼哲學就是極其重要的東西——獲得幸福的基本手段。因此伊壁鳩魯和他這派強調他們的哲學重要，其理由顯然是，這種哲學不同於以往那些與人生福樂無關的空論，而是一種新的賜福予人的人生哲學。

二、《主要原理》是全面
了解伊壁鳩魯的一把鑰匙

伊壁鳩魯的人生哲學——倫理學雖然集中見於他的《致美諾寇的信》，但是這些學理方面還只是他的有關人生的思考的一部分。而最能全面談及這些人生思考的我認為是《主要原理》四十條。例如，首先在其1～4條中，就提出了被後來羅馬的伊壁鳩魯派人物費洛德姆概括為「四重療法」(tetrapharmakos, the fourfold remedy)❸的內容。它很鮮明地表現了伊壁鳩魯的救治心靈痛苦的思想宗旨。四條的前兩條抓住了人們普遍感到最可怕的兩大問題，神靈和死亡的問題，提出了解決的藥方；接著在後兩條中指出：去掉痛苦即是快樂，而肉體的痛苦是暫時的容易忍受的，因而人可以並且不難獲得快樂。這四條突出了伊壁鳩魯思想中的重點，顯明了學術宗旨。可以說，《主要原理》四十條的全部內容都是圍繞著這個救人離苦求樂的宗旨，從各個方面展開的。

其中關於哲學體系中物理學和準則學的方面共有七條(11～13，22～25條)。伊壁鳩魯指出，為了排除對死亡和天象等等的恐懼，應該認識自然研究自然哲學，而若我們沒有這等煩惱，「我們就無需研究自然知識了」(第11條)。按照這個觀點，物理學和準則學兩

---

❸ Philodemus, *Against the sophists*, 4. 9–14, HP, p. 156.

部分在四十條中只占七條即17.5％的比例，有助於我們認識到自然哲學和認識論在伊壁鳩魯學說中的地位。它們雖然重要，但本身不是他研究的目的，只是服務於人去苦取樂（四重療法）目的的手段。換言之，只處於輔助的地位。

下餘二十九條涉及許多方面，錯綜交織，都是從這一宗旨出發所作的運用。因此，儘管許多條看上去同純學說的哲學沒有直接關係，卻由於它們同伊壁鳩魯的人生思想學說緊密相關，仍然具有很大的重要性。

所以我認為《主要原理》是我們認識伊壁鳩魯的一把鑰匙。讓我們從分析它來開始我們的研究。

三、快樂即幸福即善的規定及其四條要目

在《主要原理》的開頭，第1至4條，就提出了關於如何理解和獲得快樂的四條要目。費洛德姆所說的「四重療法」這一概括，顯然源於伊壁鳩魯本人的論述（見《致美諾寇的信》及其結尾部分，D. L. 10. 133），而在《主要原理》中得到鮮明的表現。它是伊壁鳩魯全部學說的中心、出發點和歸宿。要了解伊壁鳩魯必須從這裡開始。現在我們來看一看他關於這四方面的基本論點。

第1條。論神：

那幸福和永恆的存在，自身沒有煩惱，也不使任何別的存在物煩惱；因此它擺脫了憤怒或偏愛的制約。這類情感只存在於弱者之中。

　　這條是說：神無可畏。從消極方面說，神不管人間的事，決不使人畏懼。那些用神的賞罰來恐嚇人的宗教和迷信，是沒有根據的胡說。從積極方面說，自足的神是福樂的象徵和榜樣，也即是最有福樂的人的象徵和榜樣。他在《致美諾寇的信》的最末一句說，「你要日夜奉行這些誡命和與之相關的誡命，自己去做，並且同與你心思類似的朋友一道去做，這樣，你就永遠不會被醒時或夢中的妄念所擾，你就會在人群中像一尊神似的活著，因為生活在不朽的幸福之中的人已經完全不像有死的生物了。」❹

　　伊壁鳩魯關於神的學說在他的全部學說中占有極重要的地位。這不僅是由於人們有重視神的宗教傳統，而且是因為那個時代各色宗教比先前更盛行，更影響人的精神狀況。伊壁鳩魯認為這些宗教迷信不僅不能解除人的痛苦，反而使人陷於更嚴重的恐懼之中。必須解除這個痛苦。但是他並沒有因此就否定神的存在和意義，不是如許多人所認為的那樣他是什麼無神論者。他不過是提出了一種新的神的觀念。他的神是由他的快樂主義哲學來規定的，是一種福樂之神——它不干涉人和人事，只是人應當效法的榜樣。在他看來，人雖然皆有死而不能像神那樣不朽，但除這一點外，人都可達到與神類似的境界（只要時時按伊壁鳩魯的教導實踐）。因此，我們可以認為，伊壁鳩魯的神，也就是福樂的人生境界在哲學或神學上的昇華，或是這派理想的「哲人」(Wise man)形象。——所以毫不足怪，他的門人一直把他尊奉為神。認為伊壁鳩魯是無神論的說法並不符合事實，只是他的神學比較特別而已。

　　伊壁鳩魯對於他所認為的神，從認識論和自然哲學上作了正面論證，同時激烈批評了其他的宗教神學和迷信。所以第 1 條同他的

❹　D. L. 10. 135.

原子論和關於自然現象的學說有關，也涉及他的準則學。並且同他對於社會和人的觀點也有非常默契的關係。

第2條：

> 死對於我們來說是無所謂的。因為那分解了的東西沒有感覺，而那無感覺的東西同我們就沒有關係。

在人所害怕的各種事情裡，怕死可能是最突出的一條。在那個動盪不定的時代，個人的命運乃至生命缺少保障，死亡的威脅時時像一口懸在人們頭頂上的利劍。這種環境當然是他無法改變的，哲人的辦法是從主體或主觀方面，即自己可以做主的方面來解決問題。落實到伊壁鳩魯，就是要著重解除人對死的恐懼。人對死畏懼什麼呢？當你活著時，死亡還沒有到來，自然不必畏懼；而一旦死亡到來，你什麼都感覺不到，沒有痛苦，何懼之有。這種觀點應當說是唯物的，既明白淺顯也非常卓越。在這個問題上，他的感覺主義和原子論提供了論證的有力武器。他認為人對死都無所畏懼，活著就更沒有什麼可怕的了。伊壁鳩魯本人臨終時的安詳和福樂感，給他的門人和所有人以極為深刻的印象。這是他的哲學要解決的主要問題之一，也是其哲學的快樂主義特色的一個主要表現。

第3條：

> 消除一切痛苦，是快樂在量上的限度。只要快樂存在和持存，就不存在痛苦和不幸。

這條涉及伊壁鳩魯對其中心概念「快樂」的定義，我們在談過第4

條後再來討論。

第4條：

> 肉體的痛苦不會持續很久。極度的痛苦總是為時短暫的。在
> 肉體中超過了快樂的痛苦不會持續許多天。在久病中可以有
> 勝過痛苦的快樂。

伊壁鳩魯是個尊重感覺經驗的唯物主義者，他承認肉體的苦樂
感覺不是靠思想所能抹煞的。人生誰沒有生病受傷一類的痛苦呢，
有時非常劇烈難忍，但劇痛一般都是一陣子就過去了，所以他說還
是可忍受的；久病很使人苦惱，伊壁鳩魯說，那中間也可以有快樂。
這些話說來雖是老生常談，卻也符合實際經驗。伊壁鳩魯本人臨終
前的兩封信，表明他對於自己難以忍受的病痛有多麼安詳的態度。
友誼的快樂雖不能取消肉體的痛苦，卻能在比較中勝過，使人仍能
生活於幸福之中。

神不必畏，死無可畏，因為這二者與塵世的活著的我們無涉。
這樣我們在精神上的最大恐懼擔憂就消除了。再者，我們肉體的痛
苦是實存的，但我們總還是可以忍受，使之很快過去，或予以緩和、
抵消。伊壁鳩魯認為此三項是人生擔憂的主要問題，他都有救治的
辦法。而這，即去除痛苦，他認為就等於快樂。

第3條是個總的提法：快樂的極限就在於一切痛苦的消除。這
裡有兩點可以注意和討論。一個是，把快樂定義為沒有痛苦是否恰
當，是否只是個消極的定義？另一個是，消除一切痛苦是可能的嗎？
關於後者，伊壁鳩魯似乎並沒有論證。他至少不否認人總有病痛之
苦，所以他不可能主張達到一切痛苦之消除。根據伊壁鳩魯的各種

進一步分析，可以認為他主張的乃是通過哲學的理性，和對於欲望的清醒的權衡計算，達到最大可能的心靈無煩惱和肉體的無痛苦。伊壁鳩魯認為，這是可以達到而且是容易達到的（當然是指按他的哲學去實踐而言），所以上引的費洛德姆對「四重療法」的第3條可以簡述為「快樂易得」。

現在我們來討論一下他的「快樂」定義是否純屬消極性的。第3條點明他所謂的「快樂」的涵義就是消除痛苦。顯然伊壁鳩魯快樂主義哲學的宗旨只在去除人生諸苦。

人們會說，這只是個對快樂的極其消極的定義，因為人在物質和精神上的快樂和福利是需要發展擴大的，消極的無痛苦少痛苦並不等於福樂。這種批評不無道理。不過，快樂首先總是要儘量減少痛苦；而人對快樂的追求究竟能實現到什麼程度，則要看時代的狀況和各個人在社會生活中的處境。當人們不能得到更多的發展和快樂時，能夠自保和盡量減少痛苦也就很不錯了。對於在希臘化時代的那些原先生活在自由城邦的希臘自由公民來說，情況正是這樣。因為他們往日那種自由快樂，由於失去了基本保障，已經一去不復返了。不錯，有少數人在新環境中得到了新的發財和往上爬的機會與幸運，但是事實總在表明這種快樂完全不可靠，不可預料的災難和悲慘隨時在等待著他們。這也就從另一方面更加證實著伊壁鳩魯教導的適用性。

我們知道昔勒尼派(Cyrenaics)在伊壁鳩魯之前已經提倡了快樂主義，主張感覺是包括真和善在內的一切的標準，哲學的目的是個人為自己尋求快樂的感覺和滿足。粗粗看來，伊壁鳩魯與之有很相近之處，但實在有天淵之別。第歐根尼·拉爾修說：「他（伊壁鳩魯）對快樂的看法和昔勒尼派不同。後者認為快樂只是動態的不包

括靜態的快樂。伊壁鳩魯同時承認二者，……他在《論選擇》中說：「心的和平與擺脫痛苦是休息狀態的快樂；而享樂和高興則是在運動與活動中的快樂。」他同昔勒尼派的進一步的不同，在於後者把肉體的痛苦看得比精神痛苦更嚴重……但他認為精神痛苦更甚，因為肉體上的劇烈風暴只是當下的事，而靈魂中的煩惱則不僅存在於當前，也存在於過去和將來。」❺昔勒尼派主張人應當不斷地追求享樂和刺激，而且主要是滿足肉體快感的享受。伊壁鳩魯並不主張禁欲，但顯然不贊成縱欲和奢侈。「我們所說的快樂，是指身體的無痛苦和靈魂的無紛擾。」❻

「動態的」即是積極地追求享樂，「靜態的」指消極的即無痛苦和無煩惱。伊壁鳩魯和昔勒尼派追求的快樂雖非不可並容，重點和方向卻是完全對立的。不弄清這一點就不能理解伊壁鳩魯的全部哲學。所以我們在本節要重點討論一下這個問題。

在《致美諾寇的信》中談過關於神和死亡之後，就集中到實際人生如何得快樂的問題上來了。可以說這封信的大部分篇幅都在闡述他的快樂即無痛苦的觀點和途徑。有如下要點值得注意：

1.對欲望有正確的分析和棄取是得到幸福的基礎

人的欲望可分為自然的和虛浮的；在自然的欲望裡，又可分為必要的和非必要的，在必要的欲望裡，還可進一步分析其方面和輕重緩急。正確認識到這一切的人知道如何為獲致身體的健康和心靈的平靜而決定自己的棄取，因為這是幸福生活的總和與極致。為什麼我們不選取所有的快樂？因為有些快樂會帶來更大的痛苦，經過權衡就要放棄。而如果忍受一時的痛苦將會使我們得到更大的快樂，

❺ D. L. 10. 136–137.

❻ D. L. 10. 131a–132a.

我們也不要躲避。並不是貴重的美味本身不好，但它難以得到，於是以此為樂的人在得不到時就會煩惱痛苦了。與之相比，麵包和水是易得的，在消除飢餓之苦上給人的快樂同美食一樣大，又省去了追求難得之貨的煩惱，豈不是更好的求福樂的途徑嗎？

把人的正當追求確定到最必要的自然需要即最低的物質需要上，是伊壁鳩魯獲得身體健康和精神寧靜的快樂主義目的之途徑。

2.快樂即是沒有痛苦。它即是幸福，即是主要的和自然的善

他寫道：

> 我們只是在痛苦時才感到缺少快樂，當我們不感受痛苦時也就無需快樂了。因此我們說快樂是幸福生活的起點和終點。我們認為快樂是首要的和自然的善，由快樂出發我們選取和拒絕，返回來，我們以快樂的感覺為標準、為了快樂來判斷一切的善。❼

快樂即是幸福，在伊壁鳩魯學說裡二者是同義語。這沒有什麼太大的問題。但是說快樂就是首要的善，就有很大的問題了。它必然要同許多道德學說如斯多亞派的發生尖銳衝突。伊壁鳩魯如何把個人的快樂同作為道德標準的善聯繫起來甚至等同的呢？他說：

> 當我們說快樂是終極的目標時，並不是指放蕩的快樂和肉體的享樂，就像某些由於無知、偏見或蓄意曲解我們意見的人所認為的那樣，我們認為快樂就是身體的無痛苦和靈魂的不受干擾。構成快樂生活的不是無休止的飲宴、舞會、美色和

❼　D. L. 10. 128–129.

餐桌上的山珍海味，而是清醒的理性，靠它指明每一選取或
避免的根據，清除那些使靈魂不得安寧的觀念。所有這些的
起點和最大的善就是審慎。因此審慎甚至比哲學更可貴；一
切其他的美德都從它而產生。它教導我們，如果不同時生活
得謹慎、高尚和公正，那就不可能有快樂的生活；而生活得
謹慎、高尚和公正的人，沒有不快樂的。因為美德與快樂的
生活是緊緊聯結為一體的，快樂的生活不能同美德分開。❽

　　伊壁鳩魯認為要得到快樂（＝去苦，尤其是心靈之煩惱）只有依
靠審慎。「審慎」是為了獲得個人的快樂，在一切事情中進行頭腦
極其清醒的權衡計算，以定棄取，從而使自己能夠在各種環境下得
到最大可能的快樂而痛苦最小，或保持快樂的時間最長而受苦最短
暫。這種審慎的快樂，只需要很少的生活必需品和伊壁鳩魯的哲學
就可達到，因此它不難。並且審慎蘊含著所有的美德，高尚、公正。
所謂高尚，主要指對朋友的愛，即友誼。而公正或正義，則指決不
做侵犯別人和違反法律的事。專為自己個人福樂打算的審慎，如何
能同為社會利益著想的公正、對他人的愛一致呢？他說，因為你侵
害了別人，別人就會報復，這樣你也就永遠不得安寧了。你愛別人
才能得到別人的愛，而這對於你的快樂幸福是十分重要的。所以伊壁
鳩魯對正義和友誼特別關注，有許多論述和實踐，《主要原理》中與
此相關的條目占有一個相當的比重。實際上伊壁鳩魯快樂主義裡確
實包含著相當多的道德要素，並且有同經驗和個人生活緊密關聯的
優點。問題是這種道德的理論僅以個人利害為中心，因而它就成為
對個人苦樂的精心計算，他人和社會的利益或所謂正義乃至友誼，

---

❽　D. L. 10. 131–132.

只是在與個人利益有關時才被計算到。這樣的道德論的基礎總是有些問題的。

小結：

1.「快樂」是伊壁鳩魯學說的目的和核心。

2.「快樂」的涵義（從消極方面說）是沒有痛苦：包括身體的健康在內，但主要指的是心靈的寧靜。後者主要是指：排除對神、對死的恐懼，還有對肉體方面的痛苦不必看得過於嚴重，認為它是易於忍受的意思。所以，總起來說，「快樂」是容易達到的。

3. 擺脫恐懼和痛苦，就是自由。在此基礎上，伊壁鳩魯也有對於快樂的積極主張，他認為友愛是人所能得到的最大快樂。

4.「快樂」與幸福是同義語。

5.「快樂」是主要的自然的善：因為沒有一種快樂本身是壞的。

6. 但是，由於有些快樂會帶來比它大的痛苦，得不償失；有些痛苦在加以忍受後又會帶來更大的快樂。所以「審慎」是最大的善，是一切美德的來源。

7. 哲學應當是為了人在生活中得到這種快樂和幸福的學說。離開這個目的的哲學是沒有意義的。伊壁鳩魯哲學是關於這種快樂和幸福的規定和論證，以及獲得它的方法的理論；後者是同審慎完全一致的。

讓我們記住伊壁鳩魯哲學的這個出發點和歸宿。無論它正確與否，我們應當從這裡入手去考察，才算抓住了它的中心。他的哲學要塑造的是這樣的理想的人及其生活：「你還能想像得出比這樣一個人更好的人嗎？——他對於神有虔誠的看法，對於死亡完全沒有恐懼，他正確地思考了自然所確定的（人的）目的和領會到善（即幸福——引者注）的限度是容易達到的，而惡（即痛苦——引者注）

只是暫時和容易忍受的。他嘲笑和不信有些人拿來當作萬物最高主宰的那個命運，而認為情況毋寧是這樣：有些事情的發生是必然的，另一些則由於偶然，還有一些則是由於我們自己的作為。因為他看到必然取消了責任，機遇或幸運不常有，而我們自己的行動是自由的，這種自由是我們承受褒貶的依據。」如果一個人能日夜奉行這些誡命，那麼他無論在醒時或睡夢中都會得到心靈的寧靜，「會在人們中間活得像一尊神」 ❾ 。

　　如果說這種快樂主義確實帶有消極性質的話，它比起皮羅的懷疑主義還是積極多了。它畢竟正面肯定了個人的自我、自主、自由，並肯定了這個自我有一個積極的內容——快樂，認為是可以達到的。對於在充滿狂風巨浪的汪洋大海裡人生命運猶如一葉扁舟極不安寧的人們來說，伊壁鳩魯哲學給其中一部分人——我想大約是比較重視希臘自由傳統的尚可保持小有產者地位並且較有知識的人們——提供了精神上安身立命的一塊綠洲。

四、與人生快樂相關的條件

（一）審慎

　　在四十條中，除了講四要目的1～4條，以及直接談哲學體系三方面的七條之外還有29條。它們涉及人生實踐智慧和有關社會關係的學說，非常值得我們留意。這裡先作一番大概的瀏覽。

　　我們前邊引述過他的關於「審慎」（prudence）是主要的善，它甚至比哲學還要可貴的說法（D. L. 10. 132b）。這裡第5條也談到了

---

❾　D. L. 10. 133–135.

它：

> 如果生活得不審慎、不體面(well)和不公正，就不可能生活得
> 快樂；而活得審慎、體面和公正的，就不可能不快樂。但若
> 只有體面和公正卻不審慎，那麼一個人就仍然不可能快樂。

　　這裡譯作「體面」的詞，是希臘文καλῶς，美好的意思，R. D. Hicks和R. M. Geer用well譯它，同我們日常說「生活得好，順順當當」這個比較籠統的意思差不多。Bailey則用honourably來理解和翻譯它。我們折衷其意，暫譯作「體面」**❿**，我想實際上還要從伊壁鳩魯所認為是人的生活所需的比較可以的物質條件、社會處境等等加以理解。

　　伊壁鳩魯認為，要去除痛苦得到快樂，除了內心不懼怕神靈、死亡，並認識到肉體病痛不難忍受，這幾項大的方面之外，還必須解決日常生活的問題。在日常生活中要避免痛苦得到愉快，需要有三個基本條件，它們是：(1)「生活得好」(καὶ καλῶς)的一些必要的物質條件和社會環境（其中最主要的是個人的財產和人身安全，關於這方面的問題我們下面討論其他條目時會展開）；(2)「公正」（與社會正義相一致的對待社會的態度和生活方式，關於公正或正

---

❿　王太慶先生指出，καλῶς譯「體面」容易被了解為中國人講的「面子」，那就與伊壁鳩魯主張的「自然」不一致了。其實這個字是καλός（美）的副詞形式，指的不是面子，而是「漂亮地」，如「這一著幹得漂亮」、「打一個漂亮仗」之類。「生活得好」(καὶ καλῶς)指生活得漂亮，包含「順順當當」之意，即「和美」，不是中國人講的「有吃有穿的有福之人」。

義後面也有一些條目展開）和(3)「審慎」。 在他看來，只有前兩條還是不夠，如果缺乏審慎，還是不能去苦得快樂。我們現在先來談談他所謂的「審慎」。

「**審慎**」指的是一種實踐的智慧，例如很實際、經驗地對事情的利弊進行權衡計算。這種權衡和計算本身也是一種理性的活動，卻是實踐的而非學理的。伊壁鳩魯認為，審慎的籌劃、權衡、比較、計算不僅是人生活中時時必需的，對人獲得快樂幸福關係極大的一種活動，而且**和哲學的基本原理不能分開**。因為，什麼是我們應當選取的快樂和應當避免的痛苦？ 這個伊壁鳩魯哲學的根本問題應當如何正確理解，就離不開審慎的權衡。如他說，正因為快樂是我們天生的最高的善，所以我們並不選取所有的快樂。有些快樂會給我們帶來更大的痛苦，我們就要放棄這些快樂。反之，若忍受一時的痛苦會給我們帶來更大的快樂，我們就會認為這些痛苦比快樂還要好。(D. L. 10. 129b)

第8條：

> 沒有一種快樂自身是壞的。但是，有些可以產生快樂的事物卻帶來了比快樂大許多倍的煩惱。

第9條：

> 如果每一種快樂能積聚起來，如果能持續下去並能影響我們的本性的全部或其主要部分，那麼一種快樂和另一種快樂之間就沒有分別。

第10條：

> 如果那些使放蕩的人快樂的事能夠從我們心中驅除對天象、
> 死亡和痛苦的恐懼，能教人明白欲望的限度，我們就沒有理
> 由挑剔這些放蕩的人。因為他們被快樂所充實，處處洋溢出
> 來，並且擺脫了身心的一切痛苦煩惱，即擺脫了惡。

在伊壁鳩魯看來，把生活和哲學的目的規定為追求人生快樂是無可非議的、完全正確的。他在這點上不怕人家攻擊，哪怕說他支持放蕩也罷，他明確聲稱，只要真的能給人帶來持久的充實的快樂，就不應該去反對。可見他不贊成放蕩的理由，只是權衡利弊以後，認為划算不划算的問題；這同抽象的道德說教，同禁欲主義者是完全對立的。可見審慎不僅對日常生活中具體地權衡計算利弊以決定棄取是必要的，也直接關係到伊壁鳩魯對什麼才能算是真正的快樂或真正的痛苦的判定（學理上）。

伊壁鳩魯派為什麼把快樂定義為「知足」，讓人只滿足於簡單樸素的生活如麵包和水之類呢？人們通常都更喜歡高級的享受，覺得豪華難得的東西才能使人心滿意足，認為這才是「真快樂」。伊壁鳩魯也承認奢侈品能使人感覺快樂，可是這些奢侈品不是隨時可得的，如果我們的快樂全要指靠奢侈物品，那麼在無法得著它們的大多數時間裡就會感到痛苦了。相反，如果我們滿足於麵包和水這類容易得到的簡單東西，我們就能經常保持快樂，偶而再享用點稀罕的奢侈品時，就會感覺更佳也會處理得更好。

快樂痛苦是同人的欲望得到滿足與否相關的。但是人的欲壑難填，以快樂為人生宗旨的哲人，不能沒有一個正確對待欲望的態度

和辦法。道貌岸然的道學家攻擊人的欲望，伊壁鳩魯是不能同意的。他認為對此只能分析，選擇，衡量，計算，才會有正確恰當的答案：「在欲望中間，有些是自然的又是必要的，有些是自然的卻並非必要的，有些則既非自然又非必要，僅僅是些來自虛妄的想法」。所謂自然又必要的，如渴了要喝水，滿足了它就解除了痛苦；自然卻並不必要者，如奢侈的食品，它使快樂變換花樣，但這對消除痛苦不是必需的；既不自然又不必需者，則如為追求王冠和為自己樹碑立傳之類❶。

第18條：

> 由缺乏而產生的痛苦一旦消除，肉體中的快樂便不再增加，只有形式的變化而已。心靈的最大快樂，當我們想透了那些會引起心靈最大恐懼的事情和與之相關的事物時，就達到了。

第26條：

> 所有尚未滿足卻不會產生痛苦的欲望都不是必要的。當這種欲望難以滿足，或者當這些欲望容易引起禍害時，對這些欲望的渴求是很容易平息的。

第30條：

> 當自然的欲望劇烈而倔強，但不滿足它們並不引起痛苦的時

---

❶　《主要原理》第29條，及《致美諾寇的信》D. L. 10. 127b–132b, 兩處文字完全相同。

候，便足以證明其中有虛浮的意見。如果沒有能消除它們，那不是由於這些欲望本身的本性造成，而是由於人有虛妄的意見。

這是通過比較權衡所達到的對什麼是真正的快樂，什麼是自然而又必要的欲望之滿足的規定。由此可見，伊壁鳩魯哲學中最核心的東西——快樂，一方面是哲學對於人的生活、存在、生命的反思規定，另一方面又是反覆權衡辨認的結果，同生活中的審慎體察有關係。

這些是涉及「審慎」的一些條目，除第5條外，涉及此問題的有第8、9、10、18、26、29、30條等共7條。可見其重要。

如上所說，要求得快樂除了審慎之外，還要有「活得好」和「公正」這兩條。它們也是不可缺少的條件。從個人來說，涉及他的財產、地位、安全和同他人的關係問題；從社會的角度說，就要涉及各種社會倫理道德和法律政治問題。伊壁鳩魯在這些方面都提出了自己的見解，下面先看關於「活得好」的有關條件，即：

（二）財產和安全

第14條：

當我們從他人那裡得到了大體上的安全時，那麼，在有足夠力量支持和物質順境的基礎上，就以一種真正的方式獲得了離群索居的、寧靜的、私人生活的安全。

這一條是所謂「生活得好」的基本解說，人若要得到日常生活

的安寧快樂，首先需要在人際關係中、在社會中獲得安全；與之同時還要有足夠的物質條件加以保證。根據伊壁鳩魯的實踐和第歐根尼・拉爾修的報導，我們知道伊壁鳩魯和他的弟子們反對畢達戈拉派團體在成員中實行通財共產的做法，認為那種辦法所產生的朋友關係包含著彼此不信任。所以伊壁鳩魯的主張是，必須實行財產的個人所有，同時實現人與人之間的友愛。他認為這樣獲得的友愛才是真實的。我願指出伊壁鳩魯的這個觀點，同多數思想家以及大眾的看法相當不同。人們都認為，私有財產使人與人分離對立，而最親密的關係，如家庭成員之間和好朋友之間，就應該通財共產。所以伊壁鳩魯實際上提出了一個很與眾不同的看法，可是以前似乎沒有被人注意。其實他的這個看法有著相當深刻的道理，關於這個問題說來話長，我們留到後面再談。

伊壁鳩魯主張財產私人所有，不過是小的所有制，以能夠滿足個人自己的自然生活需要為目的的所有制。因為他說：「自然所要求的財富是有限的而且是容易得到的，虛浮的欲望所要求的財產是不能饜足的。」（第15條）他對財產的看法，我們可以認為伊壁鳩魯派在實際社會生活中的地位，應是小有產者階層。他們的思想學說代表著這種階層的利益，和過上平靜幸福、心安理得生活的迫切願望。

下面我們看看伊壁鳩魯所說的有關「安全」的一些條目。

第6條：

　　為了從他人那裡獲得安全而採取的任何手段，都是自然的善。

　　（R. M. Geer 把這條譯為，「任何手段，只要能使人擺脫其來自他人的畏懼的，都是一種自然的善。」）

這是說，安全是人擺脫畏懼即痛苦，也就是求得快樂幸福的相當根本的一條。這屬於人生要義或目的之一，所以為此而採取的任何手段，都有自然之善的性質。伊壁鳩魯的這一條，實際上是近代西方所謂自然法、自然權利思想的先聲。換言之，任何人，任何個人，都有在他人侵犯自己時進行自衛的權利。它是合乎自然的，是自然的權利，是自然的善。應當注意的是，伊壁鳩魯並沒有主張為了自己的利益去侵犯他人和他人的正當權利，危害他人的安全（關於這一方面，伊壁鳩魯在《主要原理》中提出的正義理論和社會契約學說講得很清楚，下面我們會著重論及）。如果超出了自衛而侵犯了別人，那種個人主義是應當受譴責的。但是，自衛，為了自己的安全而採取各種手段進行鬥爭，那是合理的。不但不應受指責，而且應當得到保護和稱讚。如果這也算是「個人主義」，那麼這種個人主義就不應當否定。

伊壁鳩魯提出這一條，反映出那個時代的希臘人的恐懼感、痛苦感，有大量的是來自社會和他人的，他失去了以前城邦所能給予的那種保障，以及相應的人與人之間的同胞情誼，所以他處處感到不安。正是因應著生活在這個時代中的希臘人的需要，伊壁鳩魯提出了為了人的安全所必需的社會觀（社會契約理論和關於正義的政治法律觀點）、新的友誼觀、個人如何處世、如何自衛等等的見解。它們從本質上說，是熱愛自由和個人權利的希臘人，在新的極不安定的社會條件下堅持其個人自由與權利的產物，所以也是希臘人留給後來的西方世界的一筆寶貴精神遺產，一種得以延續下來的文化傳統的基因。

直接同論安全有關的還有第7條：

有些人追求名望,這樣他們就能在與他人的敵對中獲得安全,
如果這些人的生活確實是安全的, 他們就獲得了自然之善,
如果並不安全, 那麼他們就沒有達到他們受本性而開始追求
的目的。

　　這一條實際上是批評那些追逐名譽和政治權力的人, 指出他們
自以為一旦得到了名譽權力就能獲得安全保障的想法是不可靠的。
正如盧克萊修所說:

　　　　但人們總願望取得榮名和權位,
　　　　以便他們的好運在堅固的基礎上
　　　　能永遠安穩存在, 以便他們自己
　　　　能應有盡有, 平靜安樂地過生活——
　　　　但是, 全都徒然; 因為當他們
　　　　賣命攀登名位山峰的時候,
　　　　他們使自己的路徑變成危險可怕;
　　　　而即使當他們有一天爬到了上面,
　　　　嫉妒有時會像雷電一樣轟擊他們,
　　　　輕蔑地把他們拋下到最黑暗的地獄裡;
　　　　因為, 瞧, 所有的峰頂
　　　　和一切比別處更高的地方,
　　　　都受嫉妒的雷電所擊而冒煙;
　　　　……
　　　　因此帝王們被誅殺了,
　　　　往昔寶座的威嚴和高傲的王笏

都被推翻而拋棄在塵土裡面；
帝王頭上那種如此莊嚴的王冠，
不久就染上血污而躺在庶民腳底，
後悔著它們的顯赫不可一世——因為
既曾過度為人所懼，現在它們就遭到了
群眾的鞋跟帶著更大的熱心加以踐踏。❷

　　伊壁鳩魯代表平民小所有者，特別是受過城邦民主制度的自由民主精神薰陶的希臘普通平民之中善良人的願望和理想，不喜歡也不羨慕那些現在在他們頭上作威作福的帝王將相，對於這樣一些人也有他們倒霉的那一天，不免幸災樂禍，加以嘲笑，同時很喜歡把這些事作為教材，警戒世人，證明自己當一名普通平民還更容易獲得安寧。這是各民族文化裡都有的一種很正當的心理。《史記》記載當過秦始皇的老師和大宰相的李斯，他的顯赫和弄權曾不可一世，可最後還是落得個棄市腰斬、夷滅三族的下場，那個時刻已經悔之晚矣，他握著兒子的手哀嘆道：「吾欲與若復牽黃犬，俱出上蔡東門，逐狡兔，豈可得乎！」

　　比起他來，莊子不受楚之重金聘，不願去當大官，的確要聰明得多。他把當人之官比作被人餵養得非常好，披金掛銀，最後牽到祭壇上去做犧牲的牛，看透了這種事的莊子因此答覆來聘他的楚王使者說，請不要來糟蹋我，我還不如做一頭在泥中打滾嬉戲的小豬，能快意地自己生活下去呢。莊子的這種人生態度也是處亂世以自保的哲學之一。在這點上，他同伊壁鳩魯和盧克萊修有近似之處。

　　但是，伊壁鳩魯還是同莊子不同。他的個人安全自保的人生態

---

❷　《物性論》中譯本，頁331–332。

度和哲學，多了一些積極的成分。他認為友誼和公正是一個人能夠獲得安全的最好保障。與之相關他提出了社會契約論的社會學說，這在西方歷史上具有非常重要和深遠的意義；他還提出了關於友誼的新思想，也有很高的價值。這些條目在四十條中占著相當大的一個比重，實際上與專門談如何得到「安全」的部分不可分，因為伊壁鳩魯認為只有弄清了社會正義和友誼的問題，個人才可能明白如何得到真正可靠的安全。

　　所以我們需要著重地了解一下他的關於正義和友誼的論述。然後才算真的知道了伊壁鳩魯對於人何以能求得安全的答案。

（三）公正和社會契約

　　關於正義或公正的實際問題和理論概念問題，以前的希臘政治家哲學家講過很多。在這些討論中也涉及社會契約說的若干因素。但是，把社會正義和人們的正義（公正）觀念完全建立在社會契約學說基礎上，又把社會契約看作人類歷史發展的產物，從社會發展和在此社會發展中個人利益幸福的角度來闡述這個問題，可說是伊壁鳩魯的特別貢獻。關於這一個伊壁鳩魯有重大貢獻的地方，我想到後面再作較詳細的討論。這裡只是為了便於討論一些有關問題，先對它作點扼要的說明。

　　1.沒有抽象的正義，正義是同人們的利益和安全相關的

　　伊壁鳩魯斷然否認抽象絕對的社會正義觀，而是把正義或公正置於功利的基礎上，也即把它建立在人和人關係中每一方的利益和安全考慮的基礎上，因此認定正義是一種人們相互約定的社會產物。他明確的說：

在不能達成一致以保證不侵害對方也不受對方侵害的動物
裡，沒有什麼正義或非正義這類的東西。在那些沒有能力或
沒有意願達成彼此不侵害的部落裡，也是一樣。（第32條）
根本沒有什麼抽象絕對的正義，或正義本身。正義不過是人
們相互之間，不侵害對方也不受對方侵害的一種協定。無論
在什麼地點什麼時間，只要人們訂立了這樣的約定，就有了
正義。（第33條）

這就是說，沒有人與人的相互約定就沒有什麼正義。這種社會
的約定、協議或社會契約是怎樣產生的呢？顯然是一些在利益上有
著相互對立和衝突的人們，通過他們自己的經驗，認識到他們之間
彼此侵害，實際上對雙方的安全和生活幸福都不利，於是大家達成
了協定，誰也不要再侵害他人的安全、財產和快樂幸福。換言之，
人必須彼此尊重對方的權益。每個人在為他自己的安全、快樂而行
動時，這個相互的協定就給出了一個尺度，制約人的行為不能超過
這個限度。

2.正義和社會契約源於獨立自主的個人的利益，它的產生是
合乎自然的

這種互不侵犯是每個個人需要的，對他的安全有利，在這個意
義上說，訂立這種社會約定是符合人的自然需要或本性的。所以說：

從自然（本性）中產生的正義，是一種彼此有利的協定，它
制止一個人侵害他人，又保護他不受他人侵害。（第31條，
參照Bailey的譯法）

　　可見，訂立這種公約的主體，是自主的個人，他們在相互關係中每個成員都有其個人的獨立自由之存在，有其私人財產和安全的極現實的利益，正是這種資格和利益推動他們彼此相約，互不侵犯。就正義和這種社會公約完全是從參與約定的這些個人的切身利益出發而言，它的出現是自然的。但是它又是一種歷史的現象，因為它是人類社會發展到一個階段，人們相互利益發生分歧和對立以至侵犯的時候，才會感到有迫切地彼此訂立這類協議的必要；還因為制定這樣的社會公約的人們需要有相當的經驗和能力；此外，還必須有能夠保證約定實施的社會力量和措施，否則所訂定的社會契約是無效的。關於這些認識，我們可以從盧克萊修《物性論》第五卷人類進化學說的一些描述看出。

3.正義會隨歷史環境而改變，正義和法律有別

第36條：

　　一般說來，公正對於每個人都是一樣的，因為它是相互交往中的一種互利。但是地點的不同及種種其他情形的不同，卻使公正有所變遷。

第37條：

　　在由法律認定為正義的行為裡，經過檢驗被證明對人們處理相互關係有益，就成為有保證的正義，不管它對所有的人是否一樣。但如果有人制定的法律對人處理同他人的相互關係並無益處，那它從本質上說就不再是正義的。不過法律所認定的正義的用處是會變化的，它會只在一個短時間符合人們

的期待，儘管如此，在這個短暫的時間它還是正義的，只要我們簡單地注視事實，不被空洞的詞句所迷惑。

第38條：

如果環境沒有什麼變化，那些被認為是正義的行為，在實際的行為中，已經顯示出不符合正義的概念，那麼它就是不正義的。但若情況改變了，那被認定為正義的不再有益，那麼它是在一段時期是正義的，因為那時它對處理公民間關係有益；但後來它們不再是正義的了，因為不再有益。

看來，伊壁鳩魯已經意識到他所處的時代巨變，必然要求修改正義的觀念。正義或公正既然以社會中各個個人的利益為出發點，要求所有相互交往的個人尊重他人的安全、財產和其他利益不予侵害，那麼，隨著個人之間實際社會結構關係的變化，用法律規定下來的正義必然有所不同。城邦時期的希臘人是一種關係，到了馬其頓統治時期又是一種關係，那麼從前認為是正義的，法律認可的，在新情況下就有待修正。不過，我們可以看出，伊壁鳩魯對什麼是正義，正義來自社會中各個個人或所有的個人相互約定，這種約定完全是從各自的安全和利益的考慮出發進行協商的結果等等，已經有了一整套的學說。所以我們可以判定，他和他的弟子們一定會要求把這種實際上源於希臘時期的社會正義觀運用到希臘化時期來。他和盧克萊修在《物性論》中的這些論述都指明了這點。

4.個人的安全同正義的深刻關聯

按伊壁鳩魯的基本觀點，人原是自利的，只顧他自己的利益和

安全而並不管別人的利益和安全，所以人本來不知道什麼是正義，也不想按正義辦事。這種狀態不能算是人的過錯。因此伊壁鳩魯說：「不義本身並不是惡。」但是後來當人們訂立了互不侵犯的契約之後，如果再不義就是惡了。「它之所以是惡的，是因為有一種畏懼隨之而來：害怕無法逃脫那些奉命懲罰不義的人。」（第34條）

　　但是，事實上，社會總是充滿著許多侵害他人的罪行，並且那些惡人時常逍遙法外，享受比別人要多得多的快樂，而好人卻受人侵犯，常常只能忍氣吞聲。公正和法律常常不能起多大作用。這是最使人產生疑問之點。柏拉圖在《理想國》中就提出過這個問題。在這一點上，伊壁鳩魯也只能用相當唯心的辦法向人們提出勸告和警告：

　　　　一個人要想秘密地做違背人們為防止彼此傷害而訂的契約的事情，而相信永遠不被覺察，那是不可能的，哪怕他逃避人們的耳目已有一萬次之多。因為直到他死，還是不能確定是否不會被發覺。（第35條）

　　這樣的人就會永遠生活在恐懼不安之中。伊壁鳩魯認為，只要是在社會契約的條件下，違背者因為違背公約而生的內心恐懼本身，就足以使他意識到侵害他人不僅對他人是惡，而且對本人而言也是惡的了。

　　這裡明顯地還是從個人利益角度來看問題的。個人同他人和社會的利益有關係。按照伊壁鳩魯的看法，本來好壞善惡只是由對個人有利與否、能否給個人帶來快樂或痛苦來決定的事，現在要由相互關係中的協定來決定了。但是，這還是同個人利益不可分的。因

為，(1)人們相互約定不要侵害別人也不受別人侵害，是一件不僅對公共安全有利，更對個人正當的安全有利的基本保障。按照伊壁鳩魯的從個人出發的快樂主義，一個人無論進行自衛或進而做了對他人侵害的事，只要目的是為了個人的安全和快樂，都不能算為惡，而可稱作善；但是，按照伊壁鳩魯的審慎的實踐智慧，侵犯他人雖然有時可能給自己帶來某些安全感或快樂，可是由於這樣做必定會引起對方報復的後果，反過來就給自己帶來了威脅、麻煩和無止境的煩惱和恐懼，就得不償失了。所以對於個人來說，要想獲得真正的安全和快樂，還是以遵守不侵犯他人的社會契約為好。正是這種權衡，使彼此有利益對立的個人都同意達成一個互不侵害的契約。(2)其次，在這種情況下，如果一個人為了自己的利益，違背了共同協定而侵犯了他人和社會，他就必須受到大家的懲罰，正義的懲罰，從而使他自己實際上認識到得不償失。(3)在違約者逃避懲罰的情況下會怎樣？即使一時不被發現，他也必定會總處於擔心害怕之中。這是一種強制的力量，一種使違背社會契約的人失去安全感幸福感的威脅。因此，即使實際上某人的罪行沒有被揭露沒有受懲罰，但從內心而言，那種擔心害怕，也會使他得不到任何真正的快樂，所以還是得不償失。這幾重的得不償失，改變了人的主觀思想，他原來只顧自己私利，現在他明白要真正達到私利，就必須同時尊重別人的私利，按照與他人協商的互不侵犯公約辦事。

總的說來，伊壁鳩魯的正義論和社會契約學說，並沒有樹立什麼抽象的道德觀念，也沒有這類道德說教。它完全是從人們的現實利益關係，特別是從對個人利害的角度來考察問題，對人們提出思想指導的。

（四）友愛

正義或公正，人們互不侵害的協定，法律，這些都屬於人獲得安全的一些重要保障、基本保障。不過它們不是全部的保障，也不能算是最好的保障（因為它們的作用只在消極地防止和制止傷害，並且主要是從後果上來使人不敢輕易地侵犯別人，那些想侵犯別人達到自己目的的人，在行動之前必須好好衡量一下為此受到相應的懲罰是否合算。所以，如果那個違反正義的行為和人能夠不被發覺，或者有辦法逍遙法外，使懲罰的威脅不能生效，那些做壞事的人就會無所忌憚，這世界就不會有安全）。事實上，任何人都不會把安全的保障完全寄托在這種約定上面。與此相比，人類和個人的安全，歷來還有另一種更穩固的保障。這就是他們的更為自然的共同體，和這種共同體中所有成員之間的自然的情愛。

我們中國人最熟悉的是家庭和家族的人倫關係，和同這種關係相應的人倫之愛。這種共同體的實際關係和與之相應的情感，是我們中國人得到安全感的基本來源和保障（至於正義、法律之類，我們以前反而不太重視）。這就說明所謂安全，確實需要另一種保障。這對希臘人西方人也是一樣的。

希臘人在進入文明的初期，也有同中國人或其他民族類似的經歷。他們保持著氏族和家族組織結構，建立君王和貴族制國家，但後來在商品經濟無所不至的滲透下，個人從氏族結構中逐漸脫離出來，開始是使氏族組織變為比較有自主性的個人的聯合體，後來進一步使氏族部落組織陷於瓦解，於是那與之相應的社會政治制度如君王和貴族統治也就被拋棄了。在自由經濟和自由公民個人的新因素的作用下，希臘人組建起了新型的城邦民主制度國家，社會也改

變了。於是希臘人就失去了古老的氏族和家族形態的共同體，代之而起的是新的城邦共同體，它是希臘人得到安全和獲得幸福的新的保障。這對他們來說是一次巨大的變化。從前的正義和人間情愛是建立在氏族家族共同體基礎上的，現在人們同樣需要安全和情愛，但是必須適合新的情況，加以改造。希臘城邦時期的正義和人間情愛，由於比較注重公民個人的自主自由權利，也就注重個人之間的比較民主、自由和相對平等的討論協商，所以希臘城邦這種共同體比較生動而富有生氣，同東方式的氏族家族結構中的那種幾乎沒有什麼獨立的個人權利和個人發展、只有家長和貴族保護下的安全與和諧的情形，大為不同。這是一個很大的優點。不過，新的共同體也遠不如氏族或家族結構穩定，其中包含的矛盾衝突相當多，並且不像老傳統那樣容易控制。希臘人為了維護他們的城邦，貢獻出偉大的努力和智慧，其中包括維護他們很重視的同一城邦中的公民之間的友愛。但是，現在他們又一次遇到了新問題。

希臘化的馬其頓大帝國否定了希臘人的城邦共同體，使它們成為只是一個軀殼了。這個帝國不是希臘人自己的家園，不是他們自己的共同體，他們只是被迫服從。帝國不能給希臘人以安全，更不能給他們自由。在某種意義上說，生活在希臘化大帝國裡的東方人還有古老的共同體傳統可以作為他們生存的部分依靠，希臘人則早已失去了這個依靠，而且他們既然已經嚐過了個人自由的生存趣味，極端珍視這種自由，只要有可能就要盡力保持這些自由的成果，那麼他們就決不會再返回那古老的形態了。

那麼怎麼辦？

一部希臘化—羅馬時代的思想史哲學史，可以說就是以如何探索解決這時期的人的生存問題，包括安全問題，幸福問題，生活和

生命的意義問題為中心的。如果說斯多亞哲學比較多的表現了在這個世界裡生活的東方人的追求，那麼伊壁鳩魯則突出地顯示出原來的希臘人的探求。上面我們說到關於正義（以及法律）應以個人之間互不侵犯的協定為基礎的設想，就是一種唯有原來的希臘人才可能提出的重建這個世界秩序的觀念。那原是希臘人建立他們的民主制城邦共同體的實踐中所體現的一種理念，伊壁鳩魯認為它也應當是新世界所應當遵守的理念，認為唯有如此，這世界才有可能得到安全和寧靜。但是光有這不夠，還要有愛。伊壁鳩魯對此傾注了最大的希望。

說到人與人之間的情愛，古希臘人的觀念已經發生了重大變化。和中國人的傳統講愛主要是人倫之愛非常不同，希臘人強調的是友誼(friendship)。他們的所謂友誼，把親子、兄弟之愛也包括其中，或者說把中國人的所謂「五倫」都概括在內，卻把中國人五倫中列為最後一倫的朋友之道作為總名。這在中國人或許以為奇怪，但是在希臘人卻也已經成為自然，因為他們的生活已經不以家庭家族結構為主而以城邦和公民個人間的自由交往關係為主，所以他們關懷的人間關係和傾注的情愛也已經轉向以維護城邦集體為主，以城邦內各個公民和其他成員之間的友愛為主，原先的氏族家族倫理和情愛反而降到次要和附屬的地位。希臘人所說的友誼這個詞 φιλια，原是由動詞Φιλεω（愛）變化來的，因為愛，人們才成為朋友(Φιλος)，所以在希臘語中，朋友、友誼和愛的涵義是相通的。

亞里士多德強調說：

友愛（φιλια，也可直接譯為「愛」、「友好」——引者注）把城邦聯繫起來，與公正（δικαιος,δικαιοσύνη，可譯作「正

義」、「公正」、「公道」——引者注）相比，立法者更重視友愛。因為團結一致近於友愛，而這正是立法者首先要達到的目的。還有就是要消除他們最厭惡的敵人——宗派集團之爭。如果人們是朋友，他們就無需正義了；但是如果他們是正義的，他們仍然需要友愛。所以人們認為，正義的最真實的形式就是指它有著友愛的品質。❸

如果我們注意到「友愛」在希臘人的生活中的特殊意義，它和希臘人所說的「正義」的關係，注意到希臘人的友愛觀為什麼同我們中國人的傳統觀念有很大區別，以及這樣一些重要特點，都和希臘人在生活共同體的結構上發生了由氏族家族向民主制的城邦變遷有關，我們就能比較清楚地理解伊壁鳩魯對友愛如此珍視的理由，以及他的友愛觀念的新發展之所在和意義。

四十條的27、28條強調了友愛的最高價值，在最後，39和40條，在彷彿是整個這四十條的總結的地方，又指出了獲得友愛和獲得安全的不可分的重要聯繫。

第27條：

在智慧提供給人生的一切幸福之中，以獲得友愛為最重要。

第28條：

我們相信沒有什麼可怕的事情會永遠繼續或長久持存。這種確信也使我們認清，即使在我們有限的生活境遇中，沒有什

---

❸　亞里士多德《尼各馬科倫理學》1155a21–28，據W. D. Ross英譯本。

麼比友愛更能增進我們的安全。

　　伊壁鳩魯的這個觀點，同我們上面引述的亞里士多德的見解一致，即從內在的關係而言，友愛比正義更根本更重要。區別在於亞里士多德講的是二者對維護城邦團結一致的價值，而伊壁鳩魯講的卻是友愛對於個人（這些個人是希臘人，但是現在已經失去了自己的城邦，生活在一個馬其頓的希臘化帝國裡）的安全的價值。情況改變了。從一個意義上說維護城邦的友愛似乎更崇高些，但是，在一個只能談個人安全的意義的地方，倒是通過伊壁鳩魯的見解，為西方文化奠定了從純個人的角度來看待友愛意義的思想基因。友誼和愛情，本來是個人之間的關係，從純個人的角度看問題，新的友愛觀也就能擺脫諸如政治的和與友情本來無關的社會因素的干擾，使友愛成為完全是為了個人的幸福而有其最高價值的東西。

第39條：

　　最善於應付外部環境中令人恐懼不安因素的人，盡其可能地結交朋友，對於不能結交的人也要避免結怨。如果這也辦不到，就疏遠他們，避免同他們交往。

第40條：

　　最能同自己的鄰人搞好關係的人，就獲得了最可靠的安全保證，能同他的鄰人一起過最快樂的生活，享受最親密的友愛。如果一個朋友早逝，他們雖覺可惜，卻也不必哀慟。

這兩段指明伊壁鳩魯的整個人生關懷和思想學說，都是為了應付一個不安定的、對個人來說時常是可怕的外部世界，為了在這樣一個環境中得到安全和盡可能的快樂。看來在這個世界或時代裡談正義是不大容易、不大現實的，只可說有一種規律在，即：因為人與人之間互相侵犯的苦果，會迫使他們終於接受人們應有互不侵犯的公約的觀念，接受大家公認的正義。但是每個人是否遵守還是一個難以決定的問題，它涉及許多條件和情況。伊壁鳩魯只能以誰違背公約難逃懲罰，至少內心難以安寧來要求人不得破壞公約。但是，友愛則與此不同，它是每個個人可以努力去做，並且能夠做到的。他認為，只要人能對他人，包括對自己的鄰居友善，就能得到回報，就能創造一個對個人友好的小環境，使自己獲得最可靠的安全和幸福。至於大環境，那是人難以控制的，我們也可以不必過於操心。「高天寒流滾滾急，大地微微暖氣吹。」這樣，儘管大環境對我們不好，很危險，很可怕，我們也對此無能為力，可是我們有友愛，它是我可以自己努力獲得的，我們豈不是也可以把自己的命運，自己的安全、快樂、幸福掌握到自己手裡了嗎？

幾百年後，耶穌基督傳福音，最核心的誡命也是「愛」：一是人「要愛你的主，你的上帝」，因為唯有上帝有無私的聖愛，上帝通過耶穌基督把這種聖愛賜給了人，保證了人有望得到這種愛，並且因自己從神那裡獲得了這種愛，而能夠把它運用到對待別人；二是「要愛你的鄰人如同愛你自己那樣」，即「愛人如己」，也即是「友愛」。這是耶穌基督教導人在一個充滿罪惡的世界裡得救的根本途徑。

這二者當然有重要區別。耶穌教人無私的神聖的愛，「愛人如己」的思想品質建立在很高的倫理道德基礎之上，並且是以上帝的愛和

對人的罪惡施行審判來保證的。與之相比，伊壁鳩魯提出的友愛似乎不那麼崇高，它是從個人的安全和快樂出發的，很功利（從個人利益出發能否建立真正的友愛，不能不說是一件可疑的事情）。但是，耶穌之所以要提出上帝的聖愛作為原則，正是因為他見到世上沒有一個義人，到處都是罪惡，都是罪人；所以他所主張的愛人如己的友愛只能在宗教神學裡談。而伊壁鳩魯卻告訴人，告訴每個善良的人，該如何為自己和他人開闢一條和平共處、大家都獲得相對平安的可行的路。從世俗的角度，伊壁鳩魯的哲學倒是有其切實性的。

　　以上我們幾乎談到了四十條中除了專門涉及哲學體系之外的所有條目。它告訴我們，伊壁鳩魯的思想決不限於他的哲學體系三個部分的那些內容。實際上，體系中的三部分倒只是服務於他的人生哲學總目的和寬泛視野的一個部分，除了哲學體系，伊壁鳩魯還研究了實踐的智慧，研究了人如何獲得安全的一系列從日常處世態度直至對社會正義、社會契約的學術觀點。這不僅對認識伊壁鳩魯派的立場和社會歷史觀有重要意義，對認識他的哲學理論的體系也是極為本質性的提示。

第三章 伊壁鳩魯同德謨克利特
及整個希臘哲學的關係

任何一個哲學，都是它所處時代的精神表現，所以要了解它，首先應當了解那個時代和那時代的人所關懷的是什麼。同時，哲學作為高度抽象的深刻理論，又只能通過對以往哲學思想的繼承與更新的形式，在概念和範疇中表現時代，所以我們更須從哲學思想的來龍去脈來認識它。在研究伊壁鳩魯的時候，這兩個方面都顯得特別重要。上兩章我們著重敘述了時代特點和伊壁鳩魯哲學的宗旨，現在來談談他在理論上同先前哲學的關係。

一、所謂抄襲而且抄襲得很不成功之說

伊壁鳩魯哲學在理論形態上是接著德謨克利特原子論來講的，所以他和德謨克利特的關係是一個十分重要的問題。

從古代起就流行著一種看法，認為伊壁鳩魯哲學不過是德謨克利特原子論的翻版，而他對於德謨克利特的修正又是不成功的。

第歐根尼·拉爾修報導說，斯多亞派的波希東尼(Posidonius)、尼可拉(Nikolaus)和梭特翁(Sotion)指責伊壁鳩魯，說他把德謨克利特關於原子的學說和阿里斯提波(Aristippus, 昔勒尼派的主要代表，約西元前435—前350年)關於快樂的學說，當作他自己的學說來宣

揚❶。西塞羅(Cicero) 和同他談話的學園派人Cotta都認為伊壁鳩魯抄襲了德謨克利特。Cotta問道:「在伊壁鳩魯的自然哲學中究竟有什麼東西不是來自德謨克利特的呢?即使他作了某些修改,但大部分是照著德謨克利特說的。」❷而西塞羅自己的說法是:「伊壁鳩魯對他所特別誇耀的自然哲學,首先是一個門外漢;他對德謨克利特作了一些補充,加了一些微小的修改,但至少在我看來凡是他想要加以改進的地方,他都歪曲了原意。……只有在他遵從了德謨克利特的地方,他才幾乎沒有弄錯。」❸舉例來說,伊壁鳩魯所提出的原子偏斜學說就受到了很多的譏笑。西塞羅對此特別有說不完的意見,指責這是個虛構出來的謊言❹,說「這種說法比起不能夠辯護自己所要辯護的主張還更為不光彩。」❺

到了近代大體上也是認為,就伊壁鳩魯是個自然哲學家而論,他只不過是德謨克利特的一個簡單剽竊者。例如萊布尼茨(Leibniz)就說過這樣的話:「我們對於(德謨克利特)這位偉大人物所知道的,幾乎全是伊壁鳩魯從他那裡所抄襲的那些,而伊壁鳩魯又常常不能在他那裡抄襲到最好的東西。」❻

這種看法對嗎?

青年馬克思在糾正這種歷史偏見方面起了重要作用。他在自己的博士論文中專門研究過伊壁鳩魯同德謨克利特的關係,在指出他

---

❶ Diogenes Laertius,縮稱D. L. 10. 4.

❷ 西塞羅《論神性》第1卷第26章第73節,(縮稱1. 26. 73),轉引自馬克思的博士論文,中譯本第4頁,人民出版社,1962年。

❸ 西塞羅《論最高的善和惡》1. 6. 17–18、21,轉引處同❷。

❹ 西塞羅《論善和惡的界限》1. 6,轉引處同❷,頁70。

❺ 西塞羅《論神性》1. 25,轉引處同上。

❻ 萊布尼茨〈致德梅佐(Mr. des Maizeaux)的信〉,轉引處同❷,頁53。

們之間的重大原則分歧時，突出分析了伊壁鳩魯優越於德謨克利特之處。後來學者們幾乎都吸取或參考了這些見解。這對於我們是一個啟發，實際上我們還可以從更多更深刻的方面重新認識伊壁鳩魯的哲學。

說他的自然哲學繼承了德謨克利特的原子論，當然是對的，可這只是事情的一方面，另一方面是他在繼承中包含著重大原則性的批判。如果忽視這種批判，不注意二者之間的區別、對立及其重要意義，就不可能把握伊壁鳩魯自然哲學之為伊壁鳩魯哲學的特點和特殊價值。

在我看來，他們對立的根本點在對於現象、本質及其相互關係的看法不同。德謨克利特只相信本質即原子和虛空，對現象東西他認為是不真的，這是因為現象是人通過感覺所知，而感覺是相對的變幻的，不可靠。所以他對世界上的一切事情（它們的形態都是現象）持有懷疑論的態度，唯有談到原子和虛空時他才確信無疑。伊壁鳩魯則不然，他信任感覺，也信任以感覺作為基礎的理性，所以他的自然哲學是從現象事物出發的。他在認識論上的第一條準則就是論證感覺的可靠可信；與之相關，他的自然哲學的最根本的命題並非如德謨克利特那樣的「只有原子和虛空」，而是「只有物體和虛空」❼。在他看來，原子是物體的組成部分，或者說也是物體的一

---

❼ D. L. 10. 39b.
　關於「物體和虛空」如何翻譯，王太慶先生提出如下意見：σῶμα 或 body 之譯為「物體」是受了物理教科書的影響，不能包括「身體」。而「身體」也不能包括「物體」。所以最好還是換成「形體」，兩個方面都包括了。
　我認為王先生的意見是對的。只是因為我覺得在討論自然哲學時大家習慣於「物體」一詞，誤解的可能性也不算大，所以這裡仍然譯成「物

種形態；而原子的本原性有助於說明現象事物的構造、性質和規律。所以在他那裡，本質並不是同現象隔絕無關的東西，而是在首先承認感性現象的前提下密切結合著。

伊壁鳩魯區別於德謨克利特的意義，如果我們比較充分地注意到希臘哲學發展的整個線索時，就能顯現得非常明白。因為孤立地站在德謨克利特的角度或一般物理學的立場，確實不易理解伊壁鳩魯，並且反而很容易會認為是伊壁鳩魯出了差錯。由於德謨克利特是個大哲學家、原子論的奠基人和權威，所以後一種情況更為常見。我們在柏拉圖和亞里士多德關係上也常見到類似情形，如有人特別喜愛柏拉圖，認為他的思想最深刻，論辯最生動，相比之下亞里士多德似乎大為遜色，就揚柏拉圖而貶亞里士多德（其實亞里士多德思辨的生動深刻很難說就比柏拉圖差，不過表現方式不大一樣，應說是各有千秋。）。可是評判一個哲學家應該依據的是什麼呢？我想最要緊的總該是他在解決前人留下的問題上，和在他所處的時代中提出了什麼問題，有怎樣的新貢獻或進展。從希臘哲學的發展線索來看，亞里士多德在柏拉圖企圖解決卻沒能解決的問題上前進了巨大的一步，我們就不能不承認他有一種比柏拉圖更高些的地位。這種比較並不涉及兩人作為哲學家個人誰更偉大的問題，只是從哲學長河中兩人所占的位置來說的，當然在涉及具體問題時究竟誰優誰差，還得具體分析。我想對伊壁鳩魯同德謨克利特的關係也應如此看。我們應當有一種較高的看法作為指導，來分析二者的短長，把他們放到各自應有的地位。

體」。

二、試為伊壁鳩魯在哲學史上的地位定位

按照我的意見，伊壁鳩魯在哲學史上有這樣一個地位：他既是希臘化時期新哲學的創始人之一，又是一位希臘哲學的最後總結者。

伊壁鳩魯同德謨克利特的關係，有些類似亞里士多德對柏拉圖。柏拉圖和德謨克利特雖然偉大，但是他們在強調本質和理性的重要與可靠時，都對現象和感覺有過分貶低的傾向，也就都產生了不良的後果。亞里士多德對柏拉圖的錯誤進行了批判，在解決現象和本質、理性和感性的關係，使二者統一起來的問題上，作出了重大的貢獻，把哲學推進了一大步。同樣，伊壁鳩魯也糾正了德謨克利特的類似錯誤，使原子論實現了現象和本質、理性和感覺的關係的統一，功績甚為類似。

相比之下，亞里士多德作為希臘哲學的一位最後總結者，其思想體系在許多方面雖然要比伊壁鳩魯更宏大精深；卻由於他沒能擺脫客觀唯心論的基本傾向，不能真正實現現象和本質的一致，又未能把握歷史的新變化，就不能過渡到建立新時期的哲學，在這些地方不如伊壁鳩魯。

就新時期的幾家哲學而言，如果說皮羅是以懷疑主義對以往全部希臘哲學提出質疑和否定的總結者（這也是一種總結），那麼，伊壁鳩魯則是在新的時代環境中唯一的以積極態度總結希臘哲學發展，並使之成為新時代哲學的人。

至於斯多亞派，我以為可另作別論。因為它儘管也提出了一種肯定性的哲學，也吸取了許多希臘以前哲學的成果，實在說來，由於它帶有比較多和濃厚的東方思想因素和色彩，可以認為是一種更

典型的希臘化——羅馬哲學，不能算是原先希臘哲學的延伸或轉變。

三、希臘哲學的本原論和本體論：
在現象與本質關係上的困惑和進展

我在十多年前曾專門研究過希臘哲學的發展線索，在《哲學的童年》一書中有一個比較詳細的說明。我認為在這裡簡要回顧一下這條發展線索，對於我們弄清伊壁鳩魯哲學的精神實質，有非常本質的意義。

希臘哲學從一開始，就在追尋自然萬物（現象世界）中的統一和普遍的原因，他們稱此根本的原因為「本原」（或譯作「始基」，ἀρχή）：

> 萬物都由它構成，最初都從它產生出來，最後又歸於它……，那就是他們（指最早的哲學家們——引者注）所說的萬物的元素和本原了。❽

這就是在自然的現象中尋求本質。

從泰勒斯(Thales，西元前7—前6世紀)提出水是自然萬物的本原起，米利都派、畢達戈拉(Pythagoras)派和赫拉克利特(Heraclitus)派相繼地向前發展，構成了希臘哲學的最初形態。他們用人的經驗和理性可以理解的方式，取代神話，來認識自然和世界——用本原代替了那些神的地位和作用。通過對本原的探尋，哲學一步步地把

---

❽ 亞里士多德《形而上學》(*Metaphysics*, 以下縮稱Met.) 983b8–11.

握住自然紛繁現象中的本質和規律性，反過來又以這些本原即對本質和規律性的把握，企圖合理地解釋所有現象。這三派哲學實際上已經概括了許多自然現象中的重要本質東西，有的已經相當深刻，但是我們必須說它們還是極其原始素樸的。為什麼呢？這是因為，他們用來概括本質和規律性的思維還沒有達到純抽象形式的邏輯思維水平，或者說，都還沈浸在感性的思維裡，沒有與之分離。例如，畢達戈拉的範疇如「數」、「十個對立面」、「有規定者」和「無規定者」等等，雖然已經有了相當高度的抽象水準，卻仍然總是同實物的點子、混沌以及各種感性形象混在一起無法分開。又如赫拉克利特的「邏各斯(λόγος)」指最普遍的辯證法規律，可是這個「邏各斯」只是存在於「火」的生滅流轉中，或河中不斷流逝的水流等等感性形象比喻中的東西。高度概括的本質同感性現象糾纏在一起，不具有符合自身的概念邏輯思維的形式，從而流於只是一些猜測、洞見和領悟，既談不上嚴格的推理論證，也缺乏理論思維的確定性。它向人們提供的只能是一幅籠統直觀的感性世界的圖畫。

這說明哲學在認識世界時，從現象上升到本質並抓住這本質，並不是一件容易的工作。原始素樸哲學儘管實際上已經上升到本質、抓到了本質，可是因為沒有獲得那真正適合於把握本質的思維形式，結果還是上不了水平，沒有能夠抓得住那個本質。所以，當著把握世界的思維必須越出感性的範圍得到發展，以確切地認識世界時，哲學就進入了下一個階段。

希臘城邦古典時代的到來，為哲學進入新階段提供了歷史條件和環境。

巴門尼德(Pamenides)是新哲學的第一人和奠基者。他以徹底批判赫拉克利特的萬物流轉辯證法的方式，正式告別了原始素樸哲學

思維的感性性質和世界觀的不確定性。他提出「是」（＝「有」）作為理解與把握自然「本原」的新範疇，這個「有」或「是」後來就成為希臘哲學和西方哲學中一直視為中心的「本體」范疇。

在希臘語文中乃至一般西方語文中，「是」也就是「有」。因為 ἔστιν 和 μὴ ἐστιν，或 τὸ ὄν 和 μὴ τὸ ὄν，本意只是「是」。英譯為 to be 或其動名詞 being 也是同樣的意思。所以巴門尼德的這個 τὸ ὄν 範疇，我們本來應譯為「是」或「是者」（所是的那個東西）。巴門尼德為什麼用這個詞來表示本原或本體呢？因為他認為一對象之所以是它的那個東西，對它來說最根本。這就是該東西的本質或基礎。而是同時也表示了人對所研究的東西明確有所肯定的判斷（「它是什麼」）。事物的本質和我們對它的判斷原來有關係，因為判斷要肯定的，正是對象之所以是它的那個東西。憑著那個是（本質），我們才能說「它是什麼」。其實中文裡的「是」字也有類似的用法。例如我們有「實事求是」一語，其中的是指的就是事物中的那個本質，是作名詞用的。還有「當是時」這個用法中的是也作名詞，指「正當『這一個』時候」。同樣，中文的「是」也是一個用來進行判斷時表示肯定的動詞。這些都是同希臘人西方人的用法類似的。巴門尼德認為，自然之所以是自然，它之所以為它，就因為它有這個「是」，而人們肯定這一點也用「是」來肯定。因此這個「是」才是最根本的東西，是本原、本體。

但是我們中國人還是不習慣於用「是」字來表示哲學中的本原和本體。我們中國哲學裡最抽象地表示本原、本體的範疇的詞，是「有」、「無」（如《老子》）；而最近似於他們的「是」範疇的是「有」，雖然具體涵義和運用同他們並不盡同，但總是表達了一個最抽象的本質，和對世界和事物有所肯定的意思。所以我們可以中譯其為

「有」。事實上，西方人在用「是」表示自然和事物的本質以及對它的肯定的時候，也就表示了它的有或存在。所以中譯為「有」是可以的。至於「存在」一詞，現在是個相當通用的譯法，卻是有毛病的，因為我們已經用來翻譯existence，那是表示具體的存在，而being的意思只是抽象的「是」和「有」，如果我們再用「存在」一詞來翻譯它，就會帶上具體東西的涵義，而丟掉了它原來正是同現象東西分離的基本涵義。所以我們不贊成用「存在」來翻譯巴門尼德的 τò ŏν 或 being，一般說來也不贊成用它來表示希臘和西方哲學中的這個範疇。只是在對於那些主張把本體與現象溝通、統一起來的哲學時，有時可以使用而無害。

我們在這裡要說這麼多話，是為了糾正這些譯法很容易引起的對人家原意的不理解甚至誤解。在弄清巴門尼德哲學的意義時尤其需要注意這一點。

巴門尼德要求對於自然必須在「是」與「非是」（即「有」和「非有」）之間，作出非此即彼的明確的判斷。結論便是：只有**有**，沒有**非有**，**是**就是**是**，決不可能又是**非是**。因此，對自然和世界的肯定就決不能又對它否定，乃是確定無疑的。赫拉克利特式的萬物既有又沒有、既肯定又否定的邏各斯，在他看來只是一種胡說，必須用對於「是」和「有」的明確肯定所代替，用邏輯思維的確定性所代替。原始素樸哲學及其感性思維方式，從此就讓位給純理性的邏輯思維方式，一種新的古典時期的希臘哲學便開始了。

「是」或「有」是希臘人對於世界和自然的最基本的概括，最抽象的規定。顯然在抽象性上遠遠超過了水、火、氣乃至「數」之類的東西，這抽象是對自然的最根本性質的概括，最高的共相。他們認為這是絕對的東西。希臘人肯定自然自有永有，決不會變為虛

無，這種看法表現出他們那時期的積極生活態度，並且從此奠定了西方哲學的最根本的邏輯起點，也為科學的產生發展建立了一個牢固的出發點。西方哲學一直把「有」和「是」作為他們哲學的核心範疇，應當追溯到巴門尼德的貢獻。

這是一種與現象完全對立的本質世界觀，帶著感性色彩的本原讓位於非常抽象的範疇所表示的本體。於是原始素樸哲學的本原論變成了古典時期哲學的「有」論或本體論。巴門尼德的哲學基本命題是一個里程碑——唯有本質的和共相的「是」才是真實的實在。

一種新東西的誕生常常必須表現為轉向另一個極端，因為非如此不能實現轉變。不否認原始素樸哲學，巴門尼德就不能提出新哲學，可是他的批判走了極端，很片面。他以「是」作為唯一真實的本體，雖然實際上是從現象萬物中得到的本質，但是因為他是通過與感性現象絕對對立的思維方式來理解的，就導致這個本質的「是」完全脫離了現象。與之相反，現象就被他看成是完全沒有真實性的東西，而感覺則被視為使人遠離真理的迷途。於是他在得到「是」這個萬物最普遍的本質以後，就再也無法返回到現象的自然萬物了。它成了純粹孤立抽象的東西，不能解釋自然現象的多樣性，連事物的生滅運動也無法解釋。並且，既然不能解釋，按照巴門尼德和愛利亞派的邏輯，就必須加以否定。他們說，「是」（「有」）是唯「一」的，因此任何「多」，包括自然事物以及觀念的多樣性就都是虛妄的，不可能存在；「是」和「有」是永恆不變的，不能與「非是」和「無」並存，而運動之為運動正是某物既「是」在這裡同時又「不是」在這裡，產生是從無變成有，消滅是從有變成了無，於是運動和生滅這些明擺著的事實，在他們看來就是不合道理的，只是一些不真的假象。他們那種天真的勇氣真是可愛！芝諾對運動等等的不可能性

的論證，是人類思維史上的一大傑作，充分顯示了邏輯思維在其開端的時候，有何等的自信和勇敢。人們不能不承認邏輯的力量，但是如果這種邏輯的結果是要否認我們人生活於其中的現實世界、萬物的多樣性、運動和生滅，那就有問題了。或者是邏輯本身發生了問題，或者是用來把握自然的那個本質東西還沒有真正被人弄清楚。總之，本質固然要緊，現象也不該否認。巴門尼德和愛利亞派只要本質本體不要現象，不能不引起人們的普遍抗議、批評和進一步的思考。

於是希臘哲學往後的發展就出現了一種正好相反的運動：「**拯救現象**」。

當然這不能是簡單地再回到原始素樸哲學，而只能是在巴門尼德的自然自「有」永「有」決不能成為「無」的基本前提下，向著現象的回復。換言之，現在的任務是要尋求使我們所把握的本質能夠和現象結合溝通的辦法，使二者統一起來。

拯救現象，使抽象的有同現實具體的萬事萬物聯繫起來的哲學運動，始於恩培多克勒的「四根」說。他堅持巴門尼德的基本命題，批評否認這個基本原理的人思想短淺，「他們竟以為原先沒有的東西能夠產生，有的東西會消滅和完全毀滅。因為根本沒有的東西要產生是不可思議的，而有的東西被消滅是不可能的……；因為它將永有，不管把它放在哪裡。」❾但是與巴門尼德不同的是，他要用這個原理說明一切現象，不贊成對「有」＝「是」只作簡單抽象的了解，而認為現象的多樣性和運動生滅可以和本體的「有」之永有並行不悖。他的辦法是，把巴門尼德的唯一的抽象的「有」分為四種即水、

❾　G. S. Kirk & J. E. Raven, *Presocratic Philosophers*(以下縮稱 PP), p. 323, Cambridge, 1962.

土、氣、火「四根」。 現象中的各種事物由四根的結合與分離來造成，這些東西的滅亡是結合著的四根又分解了，所以「有」還是「永有」， 它們本身沒有生滅，而現象事物的生滅又得到了說明。為了解釋結合與分離的變化動力，他還在四根之外加上了「愛」和「恨」兩個本原。與上述拯救現象的努力相一致，恩培多克勒重新肯定了感覺對於認識的意義，針對巴門尼德的觀點，他說：

> 你要盡力考慮每種事物是怎樣顯現的，不要認為視覺比聽覺更可靠，也不要把轟鳴的聽覺置於舌頭的清晰的見證之上，也不要貶低任何其他感覺的重要性，無論哪種感覺都是一條認識的途徑，只要你思考每種事物時照它們顯現的方式來進行。❿

　　阿那克薩哥拉的「種子」說，是接著恩培多克勒四根說來說的。他認為把永有永是的本體只規定成四種，對於說明現象的多樣性還是絕對不夠的。因為萬物的性質無限，每一種現象都需要從本原中獲得它的解釋，那麼「有」就不應只是幾種或有限的種類，而必須同樣是無限地多。於是他就提出無論在數目上和性質上都是無限多的種子來代替四根作為本原。同時他還提出「心靈」作為造成萬物運動、秩序、彼此結合與分離的動因，來代替「愛」和「恨」。 在解釋「有」應如何規定以及如何說明本質與現象的關係上，比恩培多克勒的水平前進了一步。

　　與阿那克薩哥拉同時代略晚的另一個當時也很著名的哲學家阿波洛尼亞的第歐根尼，以重新提出「氣」作為本原的方式，對上

❿ *PP*, p. 325.

述從恩培多克勒以來的拯救現象的哲學問題，作了一個相當簡明系統的解決。在他看來，「如果在現存世界秩序中存在的事物——土、水、氣、火以及顯現的一切其他事物，都是彼此不同的（這個不同是指它們的本性不同），在經歷許多變化和分化時沒有能保持一種本質上的同一性，那麼就沒有辦法能使它們彼此混合，它們也不能互相幫助或互相為害，植物也不能從土裡生長起來，生物或任何別的事物也不能產生，除非它們是同樣的東西才會有上述這些結合。所有這些事物都來自同一東西的分化,在不同時間裡變成不同的種類,並返回於統一東西中去。」⓫

這就是說，在阿波洛尼亞的第歐根尼看來，以「四根」、特別是「無限多的種子」作為本原是有毛病的。因為這只是從照顧現象多樣性而規定為「多」，卻沒有考慮到本原作為貫通萬物的本質東西恰恰不應是「多」，即本性各異的東西，而應當是「一」。本質和現象，本質的「一」同現象的「多」，應當是溝通的。因此，現象事物只能是同一個本體的分化與結合，他認為這應當是「氣」，因為「氣」既是「一」（一種本體）又是「多」（分為許多微粒，能夠組合分解成各種不同的現象事物）。他還把愛和恨或心靈之類，包括生命和精神的作用，都歸之於氣，並稱「氣」就是「神」。這種新的氣本體說，初步解決了把「有」和現象統一起來的問題。

值得注意的是，阿波洛尼亞的第歐根尼還提出了「**虛空**」。在虛空中氣的微粒子運動聚散是他說明世界的基本方式。

　　他的意見如下：氣是元素，有無數的世界和無限的虛空。氣的濃和稀產生世界。沒有任何東西來自非有，也沒有任何東

⓫　*PP*, p. 431.

西消失為非有。**⑫**

可見在他這裡，有的只是「氣」和「虛空」，而氣是無限多的微粒，在虛空中運動並彼此結合分散，以濃聚和稀化狀態形成土、水、氣、火，進而構成萬物。這種看法，已經同留基波的原子論觀點非常接近了。

留基波是原子論的最初創始人。他幾乎完全接受了愛利亞派關於「有」同「非有」絕對對立，以及虛空在沒有事物充實其中的意義上是「非有」的觀點。但是他不放棄現象，肯定感性事物及其生滅和多樣性也有其存在。為此他對愛利亞派的觀點只作了兩點小小的修正：

1.那非充實的虛空（愛利亞派認為的「非有」）終究還是有的。

2.作為絕對充實的有（即愛利亞派的純「有」）是一些微小的粒子，為數無限，也就是原子。亞里士多德介紹他的觀點時說：

> 有些早期哲學家認為「有」必然是「一」和不能運動的。他們認為虛空是「非有」，但若沒有獨立自在的虛空，「有」就不能運動，而且也不能有「多」，因為沒有東西能使多數的東西展開。……
> 但是留基波想到他有一種理論能與感官知覺相一致，而不必取消生滅、運動和事物的多樣性。他向感覺的事實讓步；另一方面他也向主張「一」的人讓步，即承認如果沒有虛空就不能運動。結果他提出了如下的學說：
> 虛空是「非有」，「有」沒有任何部分是「非有」；因為「有」這

---

⑫ D. L. 9. 57, 參見*PP*, p. 432英譯文。

個詞在嚴格意義上說是絕對的充實(plenum)。但這個充實者卻不是「一」，相反，它是為數無限的「多」，並且由於體積微小而不可見。這些「多」在虛空（因為有虛空）裡運動，並由於結合而造成「產生」，由於分離而造成「消滅」。❸

在亞里士多德看來，留基波的原子和虛空的理論，其意義正在於「向感覺的事實讓步，也向主張『一』的人讓步」，把愛利亞派的「有」同感性知覺到的現象一致起來。這種學說顯然沒有阿波洛尼亞的第歐根尼所批評的四根說和無限的種子說的弊病。因為「四根」和「無限的種子」是一些帶著感性性質的「多」的本原，這些感性性質使四種「根」或各種「種子」分離而不能使它們統一，彼此就無法發生關係和實現結合和分離。而原子是不帶感性性質的真正的純「有」，即只有絕對的充實性這種本質，上述困難就消除了。原子論同愛利亞派同樣只承認純「有」這唯一的本質或本體，區別只是把一個整塊的「有」分割成數目無限的微粒，即數目為「多」，而每一個微粒仍然是一個真正巴門尼德式的「一」、「有」。作了這點修正之後，靠著無限多的原子在虛空中運動和彼此結合，就能解釋現象事物的差異和多樣性，生滅等等。原子論在解決現象一極同本質一極的矛盾使之統一並有一個貫通的說明上，比四根、無限的種子說，乃至比新的氣一元說水平更高，不過在德謨克利特以前，它的影響還不大。

這時，希臘歷史以希波戰爭的勝利進入了它的古典繁榮時期，其突出標誌是雅典在伯里克利領導下，達到了城邦民主制的鼎盛階段。阿那克薩哥拉以「『心靈』安排萬物秩序」的思想，在哲學上

---

❸　Aristotle, *De generatione et corruptione*, 325a2–6, 325a22–32.

反映出雅典帝國及其民主制的強盛、能動性的巨大發揮與信心；接著而來的智者思潮，更突出地反映了這個時代的新需要。

智者關心的是城邦的政治事務，以收取學費，教公民中的年輕人學會如何在公眾場合進行辯論取得勝利為業。他們改變了以前希臘哲學一直以自然探究為主的方向，把哲學變成了人本主義的。普羅泰戈拉提出了新的哲學原則：「人是萬物是尺度，是**是**之為**是**的尺度，也是**非是**之為**非是**的尺度。」他第一次把關於（自然之）「是」的本體論學說同人本身聯繫起來，使所謂純自然或純客觀的「有」和「是」成為一種只是在人看來如何的事情。也就是說，人認為那是「有」和「是」的，就「有」和「是」，此外再沒有別的什麼「有」和「是」。自然是在人看來的自然，這是一個重大變化。

另外，人用以衡量萬物的「尺度」指的是什麼呢？在普羅泰戈拉看來，就是人的感覺。例如，同樣的風刮著，我們之中有的人覺得冷，而另些人不覺得冷，或者有的人覺得稍微有點冷，而另外的人覺得很冷。在這種情況下，我們應該說風本身是冷的，還是說它不冷？普羅泰戈拉認為，風對於那個覺得它是冷的人來說是冷的，而對於不感覺它冷的人來說不是冷的❶。換言之，問風本身是冷還不是冷，是個沒有意義的問題，一個事物「是」什麼，只能憑人的感覺來定。

普羅泰戈拉把感覺認作知識和真理的標準，否認離開人對事物所感知的東西之外，還有什麼抽象的事物本質。這樣，在他看來，自然就成為只是現象的東西了。他和其他智者特別注重和強調感覺的意義，是同他們強調城邦公民的個人自由，人人都有權利發表自己的政見和意見相關的，是為此而提出的哲學根據。因為每個人都

❶　Plato, *Theaetetus*, 151e–152b.

有自己的與別人不同的感覺，所以他們眼中的世界不必相同，可以發表各自不同的意見。在雅典和希臘各邦及其民主制度處於上升繁榮的時候，公民的意見紛爭總的說來利大於弊，所以這種哲學一度大行其道。

從希臘哲學的行程看，普羅泰戈拉標誌著從恩培多克勒開始的向著感覺主義、現象主義發展的徹底完成，把它推到了一個頂點或極端。個人的感覺和與此相關的現象事物成了真理和真實的準則，或者說，感覺和現象本身就是本質，此外再無什麼別的本質。於是，同巴門尼德完全相反的一極出現了。

智者的哲學深刻地提出了人和自然的關係問題。認為人對自然的認識並不是和人本身無關的事情，人既是主體，那麼人所說的自然萬物的「是」或「有」當然是在人眼中的那個樣子。另外，他們說認識必須首先是感覺，這也是正確的。這兩點都是對於巴門尼德命題的帶根本性的糾正，是對希臘古典哲學發展的重大貢獻。但是物極必反，強調人的主體主觀方面就不顧事物自身的客觀狀況和本質，強調感覺就否定理性，也是絕對不行的。它同樣也引起了深刻的抗議。於是，另一種哲學運動就發生了，它正好和巴門尼德之後的那種運動的方向相反。以前要「拯救現象」，現在的問題是要「拯救本質」了。

這時雅典和整個希臘世界出現了危機，雅典在伯羅奔尼撒戰爭中敗北和衰落，使以前的繁榮走向反面，暴露出它原來有那麼多的矛盾和醜陋。以前被年輕人和政客們喜愛的智者派思潮墮落成詭辯的風氣，現在已經使人感到反感厭惡。時代的變遷使哲學的進一步轉變不僅成為可能而且成為迫切的必要。為了探尋拯救城邦的道路和真理，蘇格拉底和柏拉圖大力批判智者的詭辯及其哲學基礎，提

出了新的人本主義和理性主義哲學，其基本形態是「相」論（舊譯為「理念」論，此譯法是不妥的）。而與之同時在希臘的另一城邦阿布德拉，則出現了接著留基波來發展的德謨克利特的原子論，同樣是向本質和理性的復歸，不過採取的形態主要還是自然哲學的。這是普羅泰戈拉之後哲學的重大發展。

關於德謨克利特，特別是關於蘇格拉底、柏拉圖和亞里士多德的哲學，我在《哲學的童年》一書中作過相當詳細的闡述。由於該書以希臘（城邦）時期的哲學為限，不能包括伊壁鳩魯，所以自然以亞里士多德為該時期哲學的總結。如我在前面所說，實際上伊壁鳩魯既是新的希臘化——羅馬時代哲學的重要創始者，也是對於整個希臘哲學發展的一個繼承與總結，只不過主要是沿著自然哲學的路線，特別是留基波和德謨克利特的路線來總結，與亞里士多德有所不同罷了。

為了比較準確地為伊壁鳩魯哲學定性定位，重點分析一下德謨克利特哲學的地位和性質是必要的。而為了探究留基波、德謨克利特、伊壁鳩魯和這三者的關係，參照一下蘇格拉底—柏拉圖—亞里士多德一線又能給我們很好的啟發，所以我在下一節專門來談談這個問題。本節在一定意義上是為此所作的準備。這裡先以一個簡表小結一下本節所述的要點。

標　誌　者	哲學運動的性質
原始素樸哲學： 米利都派； 畢達戈拉派； 赫拉克利特	從現象中尋求本質（本原），但仍舊在感性思維的形態之中。
希臘古典時期哲學創始者巴門尼德及其愛利亞派	達到用理性的邏輯思維來確立本質。 建立了唯「一」的、不運動的「是」或「有」論（本體論）。拒絕一切現象，否定了感覺在認識真理上的任何價值。
A.恩培多克勒； 　阿那克薩哥拉； 　阿波洛尼亞的第歐根尼 B.留基波	「拯救現象」：承認巴門尼德「有」論的基本前提，同時承認現象，用微粒之「有」的結合與分離來實現本體本質同現象的一致。兩種方式： A.用「四根」、「無限的種子」變巴門尼德的「一」為「多」（從性質和數量兩個方面）：終於又返回本性為「一」同時數量無限多的「氣」。 B.變巴門尼德的「有」為充實的「原子」和非充實的「虛空」。原子數量無限多但本性為純粹之有是相同的，每個原子都是一微型的巴門尼德式的「有」。
普羅泰戈拉和其他智者	一切是現象；人的感覺就是真理的標準；同巴門尼德的極端相反的另一極端：完全否認本質，認感覺到的現象就是本質。
A.蘇格拉底；柏拉圖 B.德謨克利特	「拯救本質」： A.沿著人本主義和抽象邏輯，追尋事物中的「一般定義」，進而確立「相」——客觀唯心論的路線； B.沿著自然哲學唯物論的路線，用發展留基波的原子論方式。 二者儘管非常不同乃至對立，卻都帶有強烈排斥感覺和現象的傾向。認為唯有理性才能認識真理和真實，但是在完全排斥感覺和現象中，柏拉圖又感到某種迷惑。
A.亞里士多德 B.伊壁鳩魯	信任感覺和經驗，同時決不否認自然有其本質本體和理性的重要性。因而再度尋求本質和現象、理性和感覺的統一。 這二人繼承和遵循的路線有別，實現其任務的方式不同。

四、德謨克利特的特點
和伊壁鳩魯對他的批判態度

　　學者們對於原子論是重視的,但是常常只注意了德謨克利特,
而很少給留基波和伊壁鳩魯以足夠的重視,所以對他們這條線索的
切實發展很少作歷史的研究(同對蘇格拉底─柏拉圖─亞里士多德
那條線索的研究和認識相比大為不如)。因此,儘管人們對德謨克利
特較為重視,卻缺少放在史的發展線索之中的理解。從而所謂理解
了他,其實還未見得。

　　所以我們現在必須去做的一件事,就是重新研究留基波─德謨
克利特─伊壁鳩魯這條線索。我們從整個希臘哲學的發展和上面已
經初步談到的這三位哲學家的某些特徵來看,可以認為這條線索也
是圍繞著現象與本質、感覺和理性這一基本問題來開展的。因此,
我以為把它同形態上雖然有別、但在這個基本問題上表現得更加明
朗的另一線索加以對比,會有助益。

　　顯然,由於雅典是希臘文化的中心,城邦民主政治制度的中心,
出現在這裡的重要哲學家普羅泰戈拉和蘇格拉底、柏拉圖又是新起
的人本主義的開創者,不僅影響大,人文的爭論研討內容也比別處
格外深刻豐富,所以在他們身上,不同的哲學傾向的表現形式特別
鮮明,具有戲劇性。柏拉圖的對話和亞里士多德的著作,又把這一
切刻畫得異常清楚,因而這一線索發展的特徵比較容易了解(雖然
理解清楚也並非容易的事)。

　　就這點來說,從一個邊遠的城邦阿布德拉產生和逐漸擴展其影
響的原子論哲學不免相對遜色。但如果我們從希臘哲學發展的全局

看，實際上原子論在希臘哲學中的重要性，決不亞於雅典哲學。這首先是因為留基波首創的原子論同古老的自然哲學傳統保持著最緊密的聯繫，並且在對巴門尼德「有」論的繼承和改進的問題上，即如何解決既要維護本質之「有」不變、又要能由此本質解釋現象的多樣性和運動生滅同樣為「有」這個基本問題上，留基波的原子論比別家學說都更加簡要清晰，也更成功。其次，雖然德謨克利特並未到雅典活動，他仍然是希臘哲學中唯一的一位能夠與柏拉圖齊名的大人物，留基波的學說因他而發揚光大了。不久之後德謨克利特的名字就傳播到希臘各地，到處都有他的弟子。最後當著城邦時代終於過去，歷史進入希臘化時期，亞里士多德和柏拉圖的學派影響紛紛下落的時候，伊壁鳩魯使原子論哲學在雅典得到了重大的發展和傳播。它顯示出原子論終究是希臘和雅典的最重要的哲學形態，成為希臘人留給後世的一個主要的精神財富。沒有原子論的希臘哲學和希臘科學，同沒有蘇格拉底、柏拉圖和亞里士多德的希臘哲學一樣，都是不能設想的。其三，希臘精神在不斷深入於世界萬物的本質和以本質解釋現象的曲折過程中所獲得的哲學進展，不會只體現在雅典學派上，事實上也體現在原子論這一線索中，資料已經表明了這一點。不過我們還需要作些澄清和專門的分析，才能把這點明白地揭示出來，並闡明其意義。

對比易於顯示。蘇格拉底—柏拉圖—亞里士多德是我們討論留基波—德謨克利特—伊壁鳩魯的參照系。長話短說，讓我們選用若干關鍵性的材料，扼要指出標誌他們每個人特徵的要點。

蘇格拉底：

亞里士多德指出：

有兩樣東西完全可以歸功於蘇格拉底，這就是歸納論證和一般定義。這兩樣東西都是科學的出發點。但是蘇格拉底並沒有認為這些共相或定義單獨存在，而另一些人卻認為它們是單獨存在的，並且把它們稱作「相」。❶

我們在上面說過，蘇格拉底以他那些定義激起了「相」論，但是他並沒有把共相與個體東西分離開來，這是正確的想法。從後果來看，這是明白的。因為沒有共相就不可能獲得知識，可是把它們分離開來就引起了人們對於「相」的異議。❶

根據這個重要見證可以判定，蘇格拉底儘管批判智者的感覺主義、現象主義、相對主義和主觀主義，走向歸納論證和一般定義，即集中力量去緊緊抓住本質和共相，但是他決沒有柏拉圖走得那麼遠。柏拉圖在其早期相論中認定，感性的現象世界（包括個體和特殊）和理性的共相世界是兩個完全對立的世界，前者是變幻的、虛假的、沒有真實性的世界，後者才是穩固的、不變的、真實可靠的，他稱之為「相」的世界。於是世界分裂了，共相同個體事物、現象等等完全分離了。但是蘇格拉底還沒有這種分離。亞里士多德認為這是正確的想法，沒有柏拉圖那樣的偏差。這一看法也隱含著亞里士多德本人的基本立場。

柏拉圖：

他在哲學上的主要工作，就是確立「相」，即共相、普遍者在本

---

❶　Aristotle, *Met.* 1078b28–32.

❶　同上，1086b2–6.

體論中的絕對地位。因為他看來，唯有普遍的共性的形式才能體現本質。這一工作在他的前期突出表現為處處把普遍同個別對立起來，分離開來，並達到絕對割裂的地步。他努力要抓住穩定牢固可以信賴的本質東西。由於具體事物總是在不斷運動變化之中，只有「相」才永恆不變；具體事物都包含對立面，由對立面構成，因而永遠是相對的不確定的東西，「相」則是純粹的、單一的、非組成的、不可分解的（這實際上是一些用抽象片面的概念所理解的共相，後來他自己也發現這個認識是不對的）。因而他認定唯有「相」才是絕對的「是」或「有」，而感性事物只是在分有相的意義上有其存在的一面。它們總在運動變化，所以是一些處在「有」和「非有」之間的東西，不能算是真實的有。

就這樣，柏拉圖在用相論攻擊了智者的感覺主義、相對主義之後，發現自己完全回到了他所喜愛的巴門尼德的立場。但是在希臘哲學已經經歷了一段重要發展之後，柏拉圖不能像巴門尼德那樣簡單地扔開現象了事，他需要重建他那個共相世界與現實的現象世界的聯繫。於是他提出了分有說、模仿說、工匠說等，但是他自己也終於發現由於前提是絕對的分離，重建聯繫和結合就不可能成功，破綻百出。他陷入困境。後期的柏拉圖作出重大的努力，在《巴門尼德篇》中對自己前期相論進行了相當嚴屬的自我批判，揭露了其中的深刻矛盾，並提出了解決問題的新思路。在《智者篇》中進而提出了「通種論」的新「相論」，認為那些最高的相（叫做「種」）本身就是互相聯結的，不是孤立的東西，並且每個這樣的相也是包含著內在不同和對立要素的東西，所以它能包容和解釋其他的相，為解釋現象開闢了新的思路。後期相論是辯證法，同他前期相論那種只承認絕對、孤立、單純的相非常不同。以前他認為絕對單純、完

全沒有矛盾的「相」才真實，後來認為唯有在差異和對立中彼此相關和聯結的「相」才真實。

晚期柏拉圖在重建本質與現象的聯結和由此重新理解「相」應是什麼上，有了極為重要的進展。但是總的說來，由於他仍然站在只信任本質和共相，只從「相」出發的客觀唯心論立場上，並未真正解決本質和現象的統一問題，所以亞里士多德認為必須批判他和超越他。

亞里士多德：

他同樣重視本質，但是出發點和柏拉圖完全不同。在他看來，本質之所以要緊，只是因為它是感性事物的原因。正是在這點上柏拉圖派犯了根本性的錯誤。他指出：

> 一般說來，哲學是尋求可感知事物的原因的，可是我們卻放棄了這個任務，因為我們完全沒有談到引起事物變化的原因。當我們幻想我們說出了感性事物的本體時，我們卻斷言了另一類的本體的有。我們關於感性事物的那種說明方式是空談，因為「分有」，如前所說，乃是毫無意義的說法。**❼**

這裡「我們」就是柏拉圖派。亞里士多德以自己還是其中成員的角度對柏拉圖的相論進行了根本性的駁斥。他當然贊成尋求本質，可是最根本的問題是：我們為什麼要做這件事情？他認為，作為哲學的根本任務所要尋求的本質和本體，目的只是為了說明現象。所以現象乃是我們認識的起點和歸宿，而我們要找的本質或本體必須是

---

❼ 同上，992a24–28.

感性事物的原因，決不能是什麼與感性事物無關的東西（「另一類的本體的存在」），那種東西根本沒有能力解釋現象。這就是柏拉圖的「相」的根本毛病。

亞里士多德既然把要尋求的本體看作感性事物的原因，就找到了把本質和現象統一起來的方式和道路。他在《範疇篇》中提出第一本體是個體事物，而種和屬以及事物的性質等等共相東西（柏拉圖的「相」就是這類東西）都是寓於個體事物之中的東西，換言之，它們乃是以個體事物之「有」作為基礎才得以有其「有」的，因而都是些第二性的有。所以個體事物是我們必須緊緊抓住的基本點，是「有」的基礎，有之為有的根本出發點。與之相關，他也非常注重感性經驗，認為認識必須從感性經驗出發才能逐步上升到理性和本質，因為這是為感性個體事物尋求原因的過程。

但是他在進一步分析個體事物之為個體事物的原因，並歸納出四因以後，由於他認為形式因起著決定的作用而質料因不能起這種作用，便又一次陷入類似柏拉圖的錯誤。雖說他也肯定形式與質料在個體事物中總是結合而不能分離，但是又認為，若從追究個體事物之為個體事物的原因必須進行分別考察和抽象分析而言，那形式因才是本質的東西（它規定了該事物的「是」）和本體，質料因沒有資格充當本體（質料分析到最後就沒有任何形式了，它既然沒有形式，就沒有任何規定性，也就成了沒有任何「是」的混沌東西，純粹被動的質料）。而個體事物在區分為形式和現象兩方面之後，由更深一層的形式所決定，個體本身也就不再算是第一本體了。所以他在理論的抽象和哲學上，還是把本體（形式因）同個體事物即現象分離了，如同柏拉圖把「相」和感性事物分離一樣。亞里士多德的最高本體，因此歸結為所謂純形式、最高的目的因、自然的第一推動

力、神。物質的質料被判定為只是一種消極的無規定的東西，對說明世界和事物幾乎沒有什麼作用。這是沿著蘇格拉底 —— 柏拉圖路線前進的他所難以完全避免的錯誤。

現在我們來作一個對比。

留基波 —— 與蘇格拉底的類似

從我們前面說過的兩人的基本觀點可知，是留基波和蘇格拉底分別奠定了兩派的基本思想路線。但是，他們兩位有一點類似，就是儘管他們注重本質，卻都還沒有把本質、本體同現象割裂開來。同蘇格拉底不分離「一般定義」和感性事物相似，留基波「他有一種理論能與感官知覺相一致」，「他向感覺的事實讓步」。

現在我們要問：

德謨克利特 —— 他同柏拉圖有無類似之處？

柏拉圖雖然沿著蘇格拉底開闢的路走，作為第二個發展環節，卻鮮明地表現出向本質的回復所很難避免的矯枉過正現象。這次返回本質的動力和內容早已遠遠超出了巴門尼德的水平，但是在哲學的思維和理論形式上又不能不重複巴門尼德的問題：由於強調了本質本體（「是」之為是、「有」之為有）的絕對可靠性，使本質同現象、一般和個別、感性與理性完全分離開來。柏拉圖如此，德謨克利特怎樣？他同留基波的關係，有沒有類似柏拉圖與蘇格拉底的關係之處？

第歐根尼・拉爾修報導說：

他的學說如下：宇宙的本原是原子和虛空，其餘的一切東西

只是被認為是存在著的。……一切都由於必然性而發生,(原子在虛空中的) 旋渦運動是萬物形成的原因,他把旋渦運動稱作必然性。人生的目的在於怡然自得,這與快樂不同,有些人因為錯誤的解釋把二者混同了,但是怡然自得是靈魂處在平靜和有力的狀態,不為任何恐懼、迷信或其他情感所煩惱。他稱這種狀態為幸福,還給它以許多別的名稱。事物的性質只是靠約定而存在的,真正說來只有原子和虛空。上述這些就是他的看法。**⓱**

　　特別強調必然性,強調人生目的是與快樂有別的怡然自得,這兩條都和他的基本原則 (「事物的性質只是靠約定而存在的,真正說來只有原子和虛空」) 相關。請讀者注意,伊壁鳩魯不贊成德謨克利特把一切歸於必然性,也不贊成否定快樂,因為他儘管認為幸福必須有理性的指導,但也不能脫離感性的快樂,所以以快樂作為人生的目的。這種重大的分別,也與他在原子論基本學說上同德謨克利特的區別有關。

　　德謨克利特對感覺和理智的關係是怎樣看的,是一個非常重要的原則問題。很可惜,以前的哲學史家們對於這個問題卻沒有注意,沒有加以澄清。其中可能有個原因引起了人們認識上的混亂,我想需要首先分析清楚。

　　亞里士多德並沒系統論述過德謨克利特的認識論觀點,但是有些片斷,給人以這樣的印象,那就是:德謨克利特認為真理就在感覺所知的現象之中。例如,他在不同的著作中有這樣一些評論:

⓱　D. L. 9. 44–45.

德謨克利特把靈魂和心靈全然等同了，因為他認為現象就是真實。**⑲**

由於他們（德謨克利特和留基波）認為真理就在現象裡，而現象是對立和無限多樣的，所以他們設定原子的形狀為數無限。因此——由於組合的變化——同一事物在不同的人看來似乎是不同的、有矛盾的：增加一點成分它就變換了，單純結構上的位置變換也使得它顯得全然不同，如「悲劇」和「喜劇」兩個詞都是由同樣的字母組成的那樣。**⑳**

很多別的動物從同樣的對象得到和我們相反的印象，甚至每一個人對同一對象的印象似乎也不是永遠相同。這些印象中哪些真哪些假，是無法確定的，因為一個並不比另一個更真，反之亦然。因此德謨克利特說，要麼沒有真理，要麼是我們見不到真理。總之，這是因為他們認定知識就是感覺，而感覺是身體的改變，所以他們說我們感覺到的現象必是真實的。**㉑**

照這些說法，德謨克利特的認識論就同恩培多克勒的甚至同普羅泰戈拉的一樣，認為知識只是感覺，現象即是真理，一切都是相對的，因此人將無法認識真正的實在和真理了。大家知道，亞里士多德的著作是我們了解希臘哲學家觀點的最大的權威，他所說德謨克利特的觀點，當然影響很大。但是，這是有問題的。

德謨克利特是不是一個主張感覺主義、相對主義、主觀主義的

---

⑲　Aristotle, *De anima*, 404a25–29.

⑳　Aristotle, *De generatione et corruptione*, 315b9–15.

㉑　Aristotle, *Met*, 1009b6–15.

懷疑論者呢？無疑他也有這一方面。確實他在現象方面是持懷疑論觀點的，這正是伊壁鳩魯不贊成他的一個要點。但是他既然認定原子和虛空是真實的有，並認為人可以憑理性得到這個真理，那麼我們就不能認為他就是一個懷疑論者。相反，我們必須認為他在本體論方面，仍然是一個形而上學家或所謂獨斷論者。而且可以說，他正是由於不贊成普羅泰戈拉的主觀主義、相對主義，就採取了原子論哲學，從本體和本質上，從理性上，維護了「真理」和「真實」。亞里士多德的上述說法只講到了他的認識論的一個方面。

事實上他的認識論有其另一方面。希臘化時期的懷疑論哲學家塞克斯都・恩披里柯根據他那時還能見到的德謨克利特原著材料，全面地說明了德謨克利特的認識論觀點。作為一名徹底的懷疑論者，他的立場也使得他的報導更加可信，因為他總是力圖從前人那裡吸取一切有利於懷疑論的說法，不大可能給德謨克利特附加其本人所沒有的「獨斷論」成分。現在我們引用他的一些評論：

> 某些自然哲學家，像德謨克利特，取消了一切現象，而另一些人像伊壁鳩魯和普羅泰戈拉則主張一切是現象。㉒
> 柏拉圖和德謨克利特認為唯有可理解的才是真實的。不過德謨克利特的理由是：在自然中本來沒有感性的東西，因為組成萬物的原子所具有的本性中沒有任何可感覺的性質；而柏拉圖的理由是：感性事物永遠處在變化中，沒有確定的有。㉓

㉒　Sextus Empiricus, *Against the Logicians*, 1. 369, R. G. Bury 英譯本，London, 1935.

㉓　同上，2. 6–7，並參見 2. 56.

按他的看法，德謨克利特對什麼是真理和真實的觀點同普羅泰戈拉與伊壁鳩魯相反，同柏拉圖倒是一致的，雖然理由不一樣。德謨克利特並沒有主張現象就是真理，而是主張唯有用理性可以把握的原子與虛空是真實的東西。為了更具體地理解這點，我們再仔細看些原始資料。塞克斯都·恩披里柯寫道：

> 德謨克利特在一些地方取消感官所知的現象，並斷言現象都不是真理而只是意見（請讀者注意，這是和巴門尼德、柏拉圖一致的 —— 引者注），在存在的事物中，真正有的是原子和虛空。因為他說：「甜是約定的，苦是約定的，熱是約定的，冷是約定的，顏色是約定的；真正說來只有原子和虛空。」……
>
> 在他的《確證》中，……他說：「我們實際上認識不到確實的東西，所能認識的只是依照身體的結構而變化的東西，那些進入身體的東西。」……
>
> 在他的《論形式》中他說：「人應當從這一規律知道他離實在很遠」；又說：「這一論述也指明我們對於任何事物沒有真知，而每個人的意見是改變著的。」；還說：「這就很明白，要想知道每個事物的真實本性那是不實際的。」
>
> 在上述這些話裡，他幾乎否認了一切理解力，但即便如此，這指的只是感官的認識力，他挑出來加以攻擊。而在他的《規範》中，他說有兩類知識，一種是感覺的知識，另一種是理性的知識。他稱靠理性得到的知識是「真正的」知識，在真理的判斷中是可信賴的，而稱感官的知識是「假冒的」，認為它在辨別什麼是真理時不能避免錯誤。他的原話是：「有兩種形式的知識，真正的知識和假冒的知識。屬於後者的是視覺、

聽覺、嗅覺、味覺和觸覺；而真正的知識則與此不同。」因此真正的知識比假冒的知識優越。他接著說：「當著假冒的知識在變得非常精微的領域裡不能再看，或者再聽、再嗅、再嘗和得到觸覺時，（就必須求助於）另一種更精細的（工具）了。」因此，按照他的看法，也是認為理性才是標準，他稱之為「真正的知識」。……**㉔**

從這些引證可見，德謨克利特的確說過不少關於人很難認識真理的話（「他幾乎否認了一切理解力」），這可能會引起誤解，也許我們上面所引的亞里士多德的那種看法正是由此而來。但是，「這指的只是感官的認識力，他挑出來加以攻擊」。我們應當認為，德謨克利特的確對於感性現象和人們常說的那些真理持懷疑論的看法，並加以攻擊，可這種攻擊恰恰是為了確立理性知識的地位，對此他決不懷疑。

這種情況，同柏拉圖是相近的或一致的。他們兩人都是拯救本質的哲學家。為了保證本質和真理，他們都排斥了現象和感官知識，斥之為假象或假冒的知識。

但是，在經歷了長久的發展之後出現的這兩位哲學家，顯然不應在返回本質的時候再重複巴門尼德的錯誤。可是這種錯誤，由於問題的深刻性質實在又難於避免。柏拉圖早期的相論特別明顯地有這種錯誤，後來他自己企圖適度修正這個錯誤，提出了晚期相論；但是基礎未變，問題沒有真正解決。這個毛病是由亞里士多德明確指出並加以解決的，他把個體事物當作第一本體，就明確表示了重新把現象同本質、感性與理性統一起來的方向。然而他畢竟還是這

㉔ 同上，1. 135–140.

條路線上的哲學家，柏拉圖的學生，當他進一步分析個體事物及其本質時，認為質料不起規定「是」的作用，唯有形式才是關鍵，最後仍然得出同柏拉圖相似的結論。可見這個問題是多麼複雜和深刻。

如果蘇格拉底、柏拉圖以至亞里士多德尚有如此的困難和錯誤，難道德謨克利特就沒有這類問題需要加以解決嗎？我們上面引證的資料證明，事實上是有的。

正是這個深刻的問題，使伊壁鳩魯認為必須批判他超出德謨克利特。我認為這就是我們考察伊壁鳩魯時必須注意的關鍵所在。而只有當我們注意到希臘哲學發展的這樣一個總的線索時，我們才能認清這個問題的全部深刻性和關鍵意義。

五、本章小結：伊壁鳩魯的哲學任務

概括說，希臘的原始素樸哲學在現象中求本質，尚未把二者分裂開來。希臘的古典哲學則從一開始就突出表現為二者的分離和對立，然後一直在這種對立如何統一之中運動。這種運動證明，絕對孤立的本質和與本質脫離的現象都不是真理和真實，應當把他們統一起來，才有真理和真實。問題在於，這種分別和對立也是深刻存在的，不可否認的，所以要使二者統一非常困難，因此哲學史走著異常曲折的路。如果說亞里士多德有巨大功績，那就是在這個問題的探索上得到了重要的、深刻的、有豐富內容的進展。伊壁鳩魯也是一樣。他的自然哲學從巴門尼德起，經過恩培多克勒、阿那克薩哥拉、阿波洛尼亞的第歐根尼，到普羅泰戈拉，然後又經過留基波和德謨克利特而來，中間已經經歷了幾度曲折，其中包含著豐富的經驗教訓。他同德謨克利特當然有繼承關係，但是德謨克利特是受

著他所處的那個哲學發展階段的基本特徵「拯救本質」的制約的，並沒有完成統一本質和現象，統一理性與感性的任務，類似柏拉圖；並且他甚至沒有對這個大問題作更深入一步的認真考察，不如晚期柏拉圖。在亞里士多德最終也沒有真正解決這個問題的情況下，伊壁鳩魯所要思考和解決的任務就更為重要、更高了。因此，我們應當在希臘哲學總的發展線索中考察伊壁鳩魯的使命，給他的自然哲學定性定位。

　　從某種意義上說，真正要對自然中的現象和本質作統一的理解，不是沿著柏拉圖亞里士多德的道路所能實現的，因為他們終究是一些客觀唯心論者，他們所謂的客觀的「相」、「形式」、「最高的目的因」、「第一推動者」、「神」，歸根到底還是思想和精神的產物，並且離開真實的自然越來越遠。因此他們難於實現對自然的本質與現象的統一的理解。柏拉圖和亞里士多德的巨大貢獻是，在哲學上使人的思維日益趨於深刻精密，而在生活中主要發揮的作用是在對於後世基督教的影響上面。與之相比，接著起自米利都派而歷史更為久遠的希臘自然哲學傳統和與之相關的唯物論哲學，有著更堅實的基礎來解決這個問題。在這個意義上，伊壁鳩魯派哲學甚至比亞里士多德的更重要。它是希臘哲學發展的一個最後成果。

　　結論是：第一，伊壁鳩魯繼承德謨克利特的原子論是一個事實。德謨克利特本是與柏拉圖齊名的古典大哲學家，我們應當充分估計他的成就，確認伊壁鳩魯對他的繼承方面。但同時，第二，我們更應當強調伊壁鳩魯同德謨克利特的對立，和由此提出的新貢獻。這種貢獻與伊壁鳩魯轉向一種新的哲學，提出新的研究目的及方法有著重要的關係。

第四章　準則學：
認識和生活的準則問題

現在我們來討論伊壁鳩魯哲學的體系。他的體系分為三個部分：(1)準則學(canonic)；(2)物理學(physics)，同希臘先前傳統一樣，實際上是指對自然的本原和現象及其關係的哲學研究，不是近現代意義上的物理學，我們還是譯為自然哲學更為恰當；以及(3)倫理學(ethics)。

準則學主要討論了認識論方面的問題，如真理的標準，獲得和驗證知識的方法等，但是也不盡然，伊壁鳩魯的準則還有超出認識論範圍的意義。

伊壁鳩魯的物理學或自然哲學，其原子論方面是他的形而上學即哲學本體論部分，此外還有關於論天象和各種自然現象的部分，以及論神、論人的感覺、靈魂和心靈的構造（包括同身體的關係）作用的論述。伊壁鳩魯哲學作為一種哲學知識的系統，主要就表現在他的自然哲學之中。

倫理學主要討論人的生活應當選取和避免什麼。

這三個部分相互依存，彼此滲透。同樣的問題常常要從不同的角度討論，我們才能弄清楚伊壁鳩魯的意思。

一、準則作為認識和生活的標準的涵義

　　第歐根尼・拉爾修報導說，伊壁鳩魯派把邏輯和辯證法當作是多餘的而加以拒絕，認為研究自然的時候以事物本身的顯現作為指導就足夠了。他提出三種判斷真理的準則，這就是：我們的感覺，先前儲存的觀念（προλήψις，英譯preconception或conception），以及情感(feeling) ❶ 。

　　從巴門尼德以來，特別是柏拉圖和亞里士多德，在希臘哲學中發展起來的邏輯和辯證法是有巨大成就的，但是它一直是哲學家們用來追尋超現象的最高本體的認識論和方法論基礎（如巴門尼德的「有」；還有如柏拉圖的「相」❷，它是人們無法通過感官認識卻「客觀」存在於另一世界的永恆不變的東西，我們世界的一切事物反而只是它的摹本、仿造物，因而是神；亞里士多德的純形式也是這樣的本體，世界的目的因，第一推動力，也是神；斯多亞派的世界本體同樣是神）。伊壁鳩魯不同意有這樣的宇宙本體，他的自然觀和人觀是以現實為依據的，而他所認定的現實就是我們的感性世界，我們感覺和知覺到的自然萬事萬物。在這一點上，他不僅不贊成柏拉圖和亞里士多德，也不贊成德謨克利特。因為德謨克利特不信任感覺，把自己確認的自然本體原子和虛空的認識論根據和論證方法

---

❶　D. L. 10. 31.

❷　柏拉圖的「相」舊譯「理念」。其實它不是指觀念性的東西，而是指自然本體，它是「客觀」的「有」的東西，所以我們認為不應譯為理念。根據希臘文εἶδος，ἰδέα一詞原義指「型」、「形相」，和中文中原來有指稱客觀存在的「共相」、「殊相」的用法，我們認為中譯為「相」比較妥當。它專指柏拉圖當作自然本體的共相。陳康先生曾專門討論過這一問題，詳見他的《柏拉圖巴曼尼得斯篇》。我在《哲學的童年——西方哲學發展線索研究第一卷》中已經採用了這個新的譯法，並作了比較詳細的說明。

完全建築在拒絕感覺而被孤立起來的理性原則之上。伊壁鳩魯強調在認識中感覺的基礎地位，所以他反對用邏輯或辯證法（「辯證法」在柏拉圖、亞里士多德和斯多亞學派那裡都是理性的邏輯學的同義語）這個詞來表示他的認識論方法論，是很可理解的。從這點並不能認為伊壁鳩魯不要邏輯，不重視理性原則。

通常把伊壁鳩魯的準則理解和翻譯為「真理的標準」，這大體是可以的，只是不可把「真」或「真理」(truth) 僅僅認作認識上的真理，它也包括生活的真實。因為伊壁鳩魯把情感(feeling) 即好惡愛憎的心情當作一個準則，就顯然不是指認識的標準，而是人在生活中選擇什麼的標準。可見他的準則不僅要涉及知識之真假，而且關乎人生實踐中行為之真實與虛妄。所以，準則或許譯成「真實的標準」更合適些，可以減少誤解。

第歐根尼・拉爾修根據伊壁鳩魯所著的《論準則》(The Canon)，對他的準則學作了一番扼要的闡述。下面我們先用這部分資料為據，對各項準則進行討論，有些麻煩問題的進一步澄清，還要等到討論他的自然哲學時一併考慮。

伊壁鳩魯的準則學不僅是反對抽象理性主義的，也是反對懷疑論的。那時皮羅派已經系統地提出了否定知識的主張和有力的論證。面對懷疑論，他要肯定知識（原子論就是他堅持的最高自然知識）就不能不針鋒相對。但是懷疑派的論證是相當精密不容易回答的，所以伊壁鳩魯的回答究竟怎樣，也是一個很可質疑的問題。

為了使我們的討論更有針對性，我們需要對早期皮羅派的認識論立場和方法有一個基本的了解。

二、皮羅懷疑主義提出的問題

皮羅派對事物和世界的看法是徹底的現象主義的。他們所承認的事實只是現象，根本不涉及「事物的本性」。這是同他們隨俗沈浮不問是非，進而否認有確認是非的可能性的人生觀有關的。皮羅的弟子蒂孟說，他從來不違背習俗而生活。他還說，「一個人無論到哪裡，遇到的都是現象。」在《論感覺》中他還說，「我不斷言蜜是甜的，但是我同意蜜顯現為甜」❸。

皮羅主義認為他們是最從事實出發的。因為在他們看來現象才是實在的東西，它不管人們同意與否都使人必須承認它的存在；可是哲學家們卻想用思想來確定對象，如認為在現象後面或裡面有某個本原、本體、本質，這就全然是些可疑的東西了。皮羅派也不否認有某種「基質的東西(underlying object) ❹」作為現象的基礎，只要這些基質東西仍然是可感知的現象物。例如羊角鋸末是羊角的基質東西，在他們看來這是個事實，那是同憑思想去把捉的東西（如柏拉圖派的所謂「相」或原子論的「原子」之類）完全不同的。至於像羊角鋸末一類東西最終又由什麼基質構成等等，除非有現象的事實可尋，便無可認識或判斷，也不應再作這樣的追問，因為這種追問沒有根據，是對現象的脫離。——我們可以認為這種看法同現代實證主義觀點是相當接近的。它們都反對形而上學，把形而上學和虛構等同起來加以抨擊。塞克斯都·恩披里柯說，「假如理性是一個幾乎是在眾目睽睽之下把現象奪走的騙子，那麼我們確實應該對它持懷疑態度」❺。

---

❸ D. L. 9–105.

❹ underlying object，指在底下承載事物的東西，不好翻譯，姑且從通常辦法譯為「基質的東西」——引者注。

❺ Sextus Empiricus, *Outline of Pyrrhonism*, 見楊適等譯《懸疑與寧靜——

　　因此皮羅派似乎也肯定了感覺和現象。他們似乎只拒絕了理性的判斷。但是由於他們認為感覺中沒有任何可以確定的東西，也就拒絕了任何知識的可能性。

　　塞克斯都說：「我們從來不推翻感官的感覺印象，它讓我們同意而不顧我們的意願；而這些印象即是『現象』(appearance)。當我們問基質東西是不是它所顯示的那個樣子時，我們承認它顯現的是事實。我們的懷疑並不涉及現象本身，而只涉及現象的說明──這是同對現象本身發生疑問有區別的。例如，蜂蜜對我們顯現為甜的東西，這是我們承認的，因為我們通過感官而知覺到甜味，不過蜂蜜在本質上是不是也是甜的，對我們來說是一件可疑的事，因為這不是一個現象，而是一個對現象所下的判斷。」❻

　　皮羅主義是一種徹底的現象主義，它把這種實在論和認識論當作一種生活觀的藉以建立的準則。「我們按照正常的生活規則生活在現象之中，不固持教條」❼。如果人們把學說上的準則定義為堅持一定的教條，並把教條定義為贊同某個沒有顯現只靠思想來確定的命題，那麼懷疑派就沒有什麼學說上的準則，反對這類準則。「但是如果把『學說上的準則』定義為『與現象相一致的程序，繼之以一定的論證的路線，這種論證指明如何才能使生活得正當看來是可能的（正當一詞並不只是指美德，而是廣義的），並使人們能趨於懸置判斷』，那麼我們要說懷疑論者有一種學說上的準則。因為我們是循著一條論證的路線的，它同現象相符，並能指點我們過一種適合

　　　　皮浪主義概略》頁6，上海三聯書店，1989年。
❻　Sextus Empiricus, *Outline of Pyrrhonism*, 見楊適等譯《懸疑與寧靜──皮浪主義概略》頁6，上海三聯書店，1989年。
❼　同上，頁7。

我們國家的習俗、法律與制度，以及我們自己本能的感情的生活。」❽皮羅主義懷疑論在否定知識的問題上最根本的提法就是「懸置判斷」，或對一切知識和是非都懸疑。他們論證懸疑的必然性的方法是：把一切可作為判斷依據的東西都置於對立之中，從而使之消解，使任何判斷成為不可能。

「怎樣才能達到這種懸疑狀態呢？一般地說，人們可以認為這是把事物置於對立之中的結果。」❾塞克斯都說，這些對立可以是：現象和現象的，思想和思想的，思想和現象的，現象和思想的，現存的和過去的或將來的事物之間的等等。懷疑派很具體地研究了這些使懸疑得以產生的對立，把它們歸納為一些「型式」，包括早期懷疑派提出的十種、後期懷疑派的五種以及埃涅西得姆斯的八種。按塞克斯都的意見，早期的那些型式或論證是基礎，後來的是使之更為多樣和完備起來。我們可以看到的確如此，早期的十種型式對於事實或現象考察得相當細密深入，後來的則在邏輯論證方面大有提高。首先研究現象中的種種對立使懸疑不可避免，進而在邏輯方式上研究哲學思辨自身的矛盾，是完全符合皮羅主義的現象主義立場的。早期的最靠近皮羅，我們來看看他們關於這十種型式的論述：

第一、動物的形成方式和身體構造不同，對同樣的對象就有不同的感覺與好惡。例如，我們看成白色的東西，黃疸病人卻認為它是黃色的，而那些眼睛充血的人則視之為紅色。那麼某些動物的眼睛是黃的，有些動物的眼睛是別的顏色的，它們的視覺就很可能不一樣。鏡子在構造上的差異，凹面鏡照物把對象拉長變窄，凸面鏡照出的外物變小，還有的鏡子使對象顛倒。這樣說來，由於動物的

---

❽　同上，頁4–5。

❾　同上，頁10。

視覺器官不同，看到的東西也不一樣，同一個對象，在狗、魚、人和蝗蟲看來很可能大小不等，形狀不同。豬喜歡在臭泥坑裡打滾，燕子愛吃蚊蟲，人則不會以此為愉快。人的感官構造並不一定比動物優越，例如人的嗅覺就不如狗，鳥的視覺也常優於人，人沒有權利認為自己的印象就比其他動物得到的更正確或值得信賴。這樣，如果對同一對象，動物的感覺不同，好惡不同，而對各種不同的印象究竟誰是誰非又不可能加以判斷，那麼我們對任何這類判斷必然只能懸疑。

　　第二個型式是建立在人們之間的區別上的。即使人比無理性的動物更值得信賴，由於人們在肉體上差異很多很大，感覺印象也彼此不同；人們在靈魂方面也很可能彼此不同，如不同的詩人、哲學家在談到人的追求和好惡時大不相同那樣。歐里披底斯說，「同一件事情，要是人人都認為智慧、美好，就不會有什麼爭執吵鬧。」又說，「奇怪的是同樣的事情使有些人恐怖，卻給另一些人以愉快。」人們選擇和躲避什麼，是由於他們覺得愉快和不快，而愉快和不快又是由感官印象引起；如果某些人選取的正是另些人躲避的，那我們就能合理的得出結論：我們只能說每種事物對每個人顯現為什麼，但是對於每種差異，我們不能說明它們真的是什麼。我們究竟相信誰的感覺和好惡是正確呢？如果相信所有的人，就是在企圖做不可能的事，並且要承認矛盾。如果相信某些人，那又是誰？由於他們各說各的意見並且無休止地爭論，我們轉了一個圈子還是只好又回到懸疑狀態。一切獨斷論者都只是不同的爭論者的一方而已。

　　第三種型式是建立在諸感官的差異上的。如一張畫在眼睛看是立體的，用手摸它就是平的了。蜂蜜使舌頭覺得愉快，眼睛看它則無此感覺。另外感官所接受的每種現象似乎都是複合的，如蘋果似

乎是光滑的、香氣撲鼻的、甜的、黃紅色的，但如果我們的感覺器官同現有的不同，多些或少些，作用也不一樣，那我們對蘋果的感覺也不會相同（失去視覺或嗅覺的人就同別人不同）。那麼蘋果的真正性質是什麼，誰能充當法官呢？

第四是對各種境況的差異的考察。如醒與睡，年齡所帶來的人的差異，運動和靜止，恨與愛，哀與樂，自信和畏懼等等。當人們處於這些不同境況時，感覺是很不同的。戀愛中的人會把醜陋的情人認作最美的。同樣的食物在餓時吃著很香，另一個時候再吃就沒味了。那麼我們究竟能相信怎樣的判斷是真的呢？

第五種論證是建立在地點、距離和位置的情況上的。同樣的對象，從不同的角度、距離等去看非常不同，何者正確？那麼對象真的樣子又怎能判斷？

第六種是由於「混合」。沒有一種實在的對象只由它本身作用於我們的感官，它總是同某些其他的對象混合在一起而起作用的；另一方面我們的感覺器官也是與身體別的部分混合的，因此我們的感官不能感知某個對象純粹本身的性質，無法對它作出確切的判斷。

第七種型式是建立在基質東西的數量和結構之上的。懷疑論的這個論證主要涉及質與量的互變規律。羊角的屑末顯現為同羊角的黑色正好相反的白色。使人感到舒服的東西，服用過量就產生危害。這些相反的情形都是從同樣事物來的，我們對它的真實性質如何能判斷？

第八種型式是相對性的論證：「一切事物都是相對的，因而對於它們各自的獨立狀態和真實本質，只能懸置判斷。」這是一個有很高概括性的論證。塞克斯都強調指出：懷疑論者這裡用「是」這個詞代替「顯現」，其意思實際上是指「一切事物的顯現都是相對的」。這

說明它是一個現象主義的觀點。其主要之點是：對任何對象的判斷都(1)同判斷者（主體）相關,(2)而對象又總是伴隨著其他種種東西、條件和狀態, 在這雙重限制下, 任何對象都不能是純粹的絕對的, 而只能是相對的。「一旦我們建立起萬事萬物都是相對的這一看法, 我們就清楚地得出結論：我們無法談論每個事物自身的真實純粹的性質,而只能談論它在同其他事物的相對關係特點上顯現出的性質。由此可見, 我們對於對象的真實性質必須懸置判斷。」

第九種是建立在事情的恆常和稀少之別上的。物以稀為貴, 如果黃金多如石頭它就不值錢了。同樣的東西有時多有時少,如糧食, 同樣的糧食在不同情況下貴賤就不一樣。由此我們不能說它有某種固定的性質。

第十種型式主要是關於倫理或價值判斷的, 它建立在對行為規範、習俗、法律、傳說的信念、教條式的概念等等的考察之上。懷疑論者指出上述每一情況都有同其自身相反的, 它們之間也相互對立。在這種型式上塞克斯都舉出了當時所知的各民族、各時代、各種不同觀點之間的差別和對立, 事例不勝枚舉。結論便是, 我們所能說的只是事物按其特殊的行為規範、法律、習俗等等是什麼屬性, 而不能說事物按其本質具有什麼屬性。因此對外部對象的真實性質是什麼我們也不得不懸置判斷❿。

我們把皮羅的觀點預存在心裡, 並且應該知道, 在原子論哲學方面作為伊壁鳩魯的前輩的大哲學家德謨克利特, 在認識論方面也有相當多的懷疑論因素,那麼我們再來看與之不同的伊壁鳩魯觀點, 就容易明白它的涵義和意義了。

---

❿　同上, 頁12–52。

三、「感覺」作為準則的涵義，
伊壁鳩魯派是如何解決疑點的

他（伊壁鳩魯）說，感覺不依賴理性也不管記憶，因為它本身不運動，只是由外物引起，不添加或減少什麼。沒有什麼能否定感覺：某個感官的一個感覺不能否定它的另一個感覺，因為二者的有效性相同；不同感官的感覺也不能彼此否定，因為二者所判定的對象有別；理性不能否定感覺，因為所有的理性都依靠感覺；任何一個感覺不能拒斥另一感覺，因為我們同樣加以注意。我們諸知覺在感知事物上的一致性證實了各感覺的真實性。視和聽相協調，痛覺也如此。由此我們可知，對於感官所不能達到的事物，我們必須從現象出發加以推理來認識。的確，我們的所有觀念都源於感覺，靠著直接接觸，比較它們，發現其相似性和把它們結合起來，這裡也有理性的某些作用。⓫

　　這段話的中心思想是「沒有什麼能否定感覺」。並且提出了四點，即，同一感官的不同感覺彼此不能否定；不同感官的不同感覺彼此不能否定；理性不能否定感覺；任何一個感覺不能被別的感覺所否定。這種否認任何一個感覺在同別的感覺和意見之間會有對立，以及因對立而會遭到它的對立面所否定的見解，正好是同皮羅主義懷疑論的基本觀點和方法相反的。所以我們需要在對照懷疑論的論點

⓫　D. L. 10. 31b–32.

中，來考察伊壁鳩魯能否確認他的感覺準則。

感覺果然是不可否定的麼？就我們普通人的看法說，至少有一些感覺是明顯地不能正確反映外部事實。這即是通常所謂的「錯覺」。一根棍子插到水中，水面以下部分就好像折了。我們站在一條長廊中間，看兩旁的廊柱，近處相距大，越遠距離越小。這些感覺是否都真實地向我們報導了事物的實際狀態？這就要分析和區別對待了。事實上，伊壁鳩魯派很清楚這一點。盧克萊修在《物性論》第四卷中舉出了大量「錯覺」的事例來進行討論，種類也很多，如：

1.「黃疸病者所見到的一切東西都變成黃色」，他認為這是因為「從他們的身體流出了許多淡黃的種子去和物的肖像相遇，並且在他們眼裡還混有許多黃色種子，他們藉傳染而使一切都變黃。」

2.「當我們從遠遠的地方望見城市的那些四方塔的時候，它們常常顯出是圓的，這是因為遠處的每一個角看來都成為鈍角，或不如說它根本就不能被看見；……因為當肖像在通過空氣的時候空氣已經用無數的衝擊使那些角尖的肖像變鈍。這樣，每一個塔角全都避開了感覺，塔石就顯出像在床上磨圓了似的——但不是像附近真正的圓東西那樣，而只是橫糊地與它們相類似而已。」

3.從運動著的船裡看船外的靜物，靜物好像也在動。而真正在運動著的星辰，在我們看來好像都靜止地鑲嵌在天穹上面。

4.一個人在旋轉中停下來時，會覺得周圍的大廳還在旋轉，柱子在動搖，好像天會塌下來。此外還有上面提到的折射現象。

5.透視遠景時的現象等等。

這些事例都涉及不同感覺的對立（如正常人的視覺與黃疸病人的視覺的對立；折射現象中直的視覺與折的視覺的對立；從不同距離看方塔時兩種視覺的對立；人本身處於動態或靜態時對周圍事物

是否運動的不同感覺的對立)。　足見他們並沒有忽視懷疑論者所提出的那些論證。

　　那麼伊壁鳩魯派是在什麼意義上說任何感覺都不可否定，也不同任何別的感覺發生矛盾對立呢？

　　盧克萊修在談過某些上述事例後寫道：

> 但這裡我們絕不承認眼睛受了騙。
> 因為眼睛的任務是去注意
> 什麼地方有亮光，什麼地方有影子；
> 至於那亮光是否仍是同一片，
> 以及那剛才還在這裡的影子
> 是否正是那正在往那邊走的影子，
> 抑或事實是像我們上面所說的那樣，
> 這完全應該由心靈的推理去決定。
> 我們的眼珠也不能認識實在的本性。
> 所以請別把這心靈的過失歸之於眼睛，
> 也不要輕易認為我們的感覺處處靠不住。

又說：上述種種現象

> 它們全都好像企圖損害
> 我們的對於感覺的信念──
> 都徒然，因為這些現象的最大部分
> 只是通過心靈的意見才欺騙了我們，
> 這些意見是我們自己加上去的，

以致感覺看不見的那些東西

也被以為是被看見了。因為

沒有什麼比這件事更困難的了：

從顯然的事實分開那可疑的，

被心靈自己同時加上去的東西。

再者，如果有人認為任何東西

都不能被認識，那麼他也就

不能知道這一點是否能被認識，

既然他承認沒有什麼能被認識。

因此，我拒絕和這個人進行討論——

這個人已把他自己的頭

放在他的腳應該放的地方。

但是，且讓我們假定他能認識這一點，

我還要問他從哪裡知道什麼叫做認識，

什麼又叫做不認識，以及什麼東西

造成了真理的概念，什麼方法證明

可疑的東西與確實的東西有區別，

既然至此為止他在事物中間

還未看見過任何真的東西？

你將發現：是感覺最先創造出了

真理的概念，感覺也是不可反駁的。

因為必須找一種更值得我們相信的，

它必須藉自己的權威用真的擊敗錯誤的；

然則，還有什麼應該比我們的感覺

更值得我們信托？難道應該是推理，

那從某種錯誤的感覺誕生的，
反而足以反對那些感覺，
雖然推理本身完全是從感覺衍生出來的？
因為除非這些感覺是真的，
則一切推理也都會出錯誤。
或者，難道耳朵應該有能力責備眼睛，
抑或觸覺能夠罵耳朵？是否味覺應該
控告這個觸覺，抑或由鼻子來反駁它，
或者眼睛來擊敗它？我相信都不是這樣；
因為對於每一感官，都已經劃分好
它獨特的任務；各有各自的能力；……
所以沒有一種感官能裁判另一種感官。
也沒有任一種感官能夠責備它自己，
因為永遠必須認為它是同樣地
值得同等地信任的。因此，任何時候
任何東西對這些感官顯出是怎麼樣，
它就真是那麼樣。假如理性不能對我們
揭示出為什麼在近處是四方的東西
從遠處看來卻像是圓的，那麼，
在這種不能舉出恰當的理由的情況之下，
我們與其讓顯然的事實從我們手中漏掉，
從而傷害了那種最基本的信念，
破壞了我們的生命和安全
所依賴的整個基礎，那就還不如
提出錯誤的原因來說明這兩種形狀。

因為不僅一切的推理都會被推倒，

而且即連我們的生命也會立即崩潰，

除非我們敢於信任我們的感官，

避開懸崖和那些同樣危險

而應該避開的東西，而迅速地

去找尋與它們相反的東西。❶

我們引錄了這麼長長的一大段，是因為這裡匯集了伊壁鳩魯派針對懷疑論而發的所有重要論證。明眼的讀者不難發現，盧克萊修的論證是有毛病的，首先他有自相矛盾之處：一方面，他承認有某種「錯誤的感覺」，並說錯誤的推理就來自這種錯誤的感覺；但是另一方面他的基本論點又仍然是「感覺是不可反駁的」，「值得同等信任」，換言之，我們不可能發現和認為任何一種感覺為錯誤。那麼，這兩個相互矛盾的提法到底哪個對呢？如果一切感覺都值得同等信任，我們怎麼能說某個感覺是錯覺呢？如果任何一個感覺都不可反駁，我們又從什麼地方來發現和認定其中某個是錯覺呢？而一旦我們肯定有錯覺的存在，那麼也就等於肯定了某些感覺和它所報導的知識是可以反駁的，不值得信任的。二者必居其一。伊壁鳩魯在這點上似乎並沒有駁倒懷疑論的論證。

　　但是盧克萊修的有些論點還是有力量的。關於那種論辯性的反駁（指出若懷疑派否認有可肯定的知識，那麼他們自己的這個論斷即「任何東西都不能被認識」本身，也就不能認識，不能肯定。換言之，他也就無法提出自己的論點來了），我們在這裡不必多說。對於什麼都不作肯定，也根本不想去認識和肯定什麼的懷疑派，盧克萊

<hr>

❶　盧克萊修《物性論》中譯本，頁209–217。

修的基本論點乃是：感覺是我們的生命和安全所賴以存在的基礎。如果一個人走到懸崖邊，他相信不相信自己這時這地的感覺呢？相信不相信這種感覺提示給人的如若再走一步就會發生生命危險的真理呢？而皮羅派提出懷疑論，原是為了求得人的生活平靜與安全。伊壁鳩魯派問道：如果你不相信感覺和由此而得的判斷，你的生命和安全豈不立即崩潰了嗎？你從哪裡還能得到你們懷疑論所追尋的目的？

其實，懷疑派並不否認感覺，在這點上伊壁鳩魯派以至早期斯多亞派同他們都是一致的。區別只在於，懷疑派認為感覺只能告訴我們現象，即告訴我們事物向我們的顯現，至於事物本身究竟是什麼，我們還是不知道。如他們說，我們承認蜂蜜嘗起來確實是甜的，不過這只是蜂蜜對我呈現為甜而已，蜂蜜本身是否甜我們並不知道。

古代懷疑派提出的問題，實際上和西方近代不可知論所提出的深刻看法是一致的：離開人的主體方面來談我們關於「物自身」的知識是不可能的。在這個問題上一般的唯心論者（包括實證主義者在內）只知道用人的主觀結構來解釋知識的原因，用神或客觀精神來說明知識的客觀可靠性。而一般的唯物主義者在這個問題上的解釋，只能是素樸地假定感覺能夠反映外部事物的性質，假定通過感覺到的現象之歸納，就能夠達到本質。但是由於感覺確實有主觀性的方面，它同外物就既有聯繫又有差異，分析起來，似乎我們感覺到的物的形狀、數量等（所謂第一性的質）可信其符合於物的實際，而在色、聲、氣味、滋味等（所謂第二性的質）方面，就很難證明它同外物相符；進而，由於歸納所得的結論很難證明其必能反映事物的本質和規律，所以究竟我們能否通過感覺經驗來達到可靠理性知識的問題，一直無法真正解決。其實，由於感覺終究是人的主體

結構方面的一種認識功能，永遠同外物及其性質本身有別，就是在所謂物的第一性的質方面，能否說我們的感覺必定和外物完全一致，也是一個抽象的唯物主義不能解決的問題。如「方塔」成圓形，筷子插在水中好像折了，這類關於形狀的「錯覺」，都證實著這一點。

康德以來德國唯心論的最大貢獻，是十分嚴肅地對待和分析了這個困難，第一次把人的認識看作是一個主體對客體發揮自身能動性的過程，對這個過程的機制、結構作了深入的分析綜合，從而提出了深刻的解說。德國唯心論的根本毛病在於，他們所能了解的主體能動過程和主體性，只能是人的抽象的思辨認識能動性，或是更加抽象的宇宙精神的主體能動性。因此人的認識能否認識客觀物質世界的問題，依然沒有解決。於是費爾巴哈又返回於唯物論。他是從人這種主體自身就是自然、就是一種特殊的最高的物質實體，因而人的主體能動性本身就具有客觀性能，這樣來解決問題的。這是很有啟發性的見解，幫助了馬克思提出了一種新的唯物主義認識論見解。馬克思繼承了康德到黑格爾關於主體能動性的辯證法學說，又吸取了費爾巴哈關於對主體和主體能動性只能從人這個物質自然的實體方面來理解的觀點，同時馬克思又批判了費爾巴哈的錯誤，認為他並未真正抓住現實的人本身：費爾巴哈把人只看作物質自然的人（這是對的），卻沒有同時把人看作是在社會實踐中生活的人（這才是人作為現實的客觀存在的真實涵義）。所以費爾巴哈不懂人的主體性最根本的就是他的實踐的主體性。當然康德和黑格爾也不能真正承認這一點，儘管他們在學說中實際運用了人的實踐說明了許多認識和歷史問題，甚至也提出過實踐的觀點，作出過重要分析；可是他們不能把實踐從根本上看作人的客觀的物質的活動，而認為這只是人的主觀的精神活動，或絕對精神通過人來進行的活動。馬克

思在批判地繼承黑格爾和費爾巴哈時，第一次提出把人的社會實踐作為人的主體能動性的核心的觀點，從而建立了一種新的唯物論哲學和唯物論的認識論。它以人的客觀實踐活動來闡明主觀和客觀、自在之物和為我之物的辯證轉化與一致。馬克思對於人類「實踐」所作的極其深刻透徹的辯證法分析（首先見於他在1844年在巴黎所寫的《經濟學哲學手稿》），標誌著哲學史上高於德國古典哲學層次的一種最新世界觀的誕生。這種世界觀不僅為認識論上開闢出一條嶄新的真理之路，具有很強的說服力，而且同人類全部的經驗和歷史事實符合協調。儘管馬克思主義某些方面的具體結論現在看來有缺陷，儘管西方現代哲學和某些人類學社會學在某些方面的新成果超出了馬克思（這是很自然的），但是從總體上說，馬克思哲學的上述核心一點也沒有過時，它實際上早已滲透到社會生活和各個學說領域之中。問題是如何進一步給以新的發展和運用。我們簡略回顧近代現代的哲學認識論的發展成就，就可以明白古代有關討論雖然在水平上無法與之相比（這是我們不能苛求古人的），卻能有助於認識他們當時提出這類問題的意義。

可以這樣說，皮羅懷疑論提出的不可知論揭示了認識論中的一系列關鍵性的困難，它本身雖然是不結果實的花朵，卻為認識論的發展從反面提出了基本動力。伊壁鳩魯派還沒有達到能科學解答這類問題的水平。但是他們力圖作出回答，有些是有力量的，有些則是採取了迴避難點，你說你的、我說我的辦法。有不少研究伊壁鳩魯哲學的學者，不去考察分析這些具體情況，只是簡單介紹一下伊壁鳩魯說了些什麼，無助於我們的研究。

我認為，從實際生活實踐來肯定人的感覺的可信性，它是我們生活信念所寄。這個對懷疑派的批評是有力的。

　　我在研究亞里士多德時，曾特別注意過他討論邏輯問題時也有類似特點。他批評普羅泰戈拉的相對主義和阿那克薩哥拉的「萬事萬物都混在一起」觀點時，強調事實上人總是必須對事物有所肯定或否定，其基本論據正是生活的實踐：

> 如果一個人不作判斷，「想」與「不想」沒有區別，他與草木何異？因此，最高程度的明證是，無論贊成這種看法的任何人或是別人，都不會真的站在這種立場上。因為，為什麼一個人想去麥加拉時就走向麥加拉而不呆在家裡呢？為什麼他在路上遇到一口井或懸崖並不跳下去呢？為什麼我們看到他防止這種事，顯然不認為跳下去也一樣好，而認為不好呢？顯然他判定一種事要好些，另一種要壞些。同樣，他也要判定一物是人而另一物是非人，一物甜而另一物不甜。他不把一切事物等量齊觀，他想飲水或去看一個人時，他就走向這些事物。❸

從亞里士多德到伊壁鳩魯及其門人盧克萊修到費爾巴哈，都是用普通生活實踐作為批駁懷疑論、提出和論證肯定性的認識論的最高最後論據，並不是偶然的。這的確說明實踐是認識的根本依據，一切懷疑論者也不能否認他自己和別人的生活。問題在於，皮羅的懷疑論也還是從生活實踐中遇到的問題才提出來的。因為生活實踐主要是社會性的，當著社會極為動盪不定時，人們在生活中失去了穩定的方向和依據，在思想上、認識上就不免懷疑客觀世界的可靠性。覺得難以判斷或不願去作是非判斷，最後他們連判斷所依據的感覺

---

❸　亞里士多德《形而上學》1008b10–23，譯自Ross英譯本。

的可信性也加以懷疑。可是伊壁鳩魯派在強調生命、安全是考慮一切問題的出發點，由此論證人離不開對感覺的信任時，只是從最普通的例子如走近懸崖時的感覺之類。這固然有作用，卻並未達到對社會實踐的研究水平。所以只能說是部分地駁斥了懷疑論的論據。

實際上，伊壁鳩魯派對那個時代的社會動盪紛擾的感受和懷疑論者大體一樣。不過，與皮羅派完全消極的人生態度不同，伊壁鳩魯認為，個人在這惡劣的境況中還是可以就自己能力的範圍獲得比較積極的人生。

生活實踐的觀點是第一點。其次，伊壁鳩魯不同於柏拉圖、亞里士多德和德謨克利特這類特別高揚思辨理性的哲學家。他雖然也肯定理性，但是更強調感覺是基礎。感覺實在是伊壁鳩魯認識論最根本的準則。因此他必須首先確定感覺的絕對可信和可靠。

但是對於「感覺可信可靠」一語，實在可以有兩種理解。其一是說，感覺能夠正確反映外界事物的客觀實際狀況；其二是說，人唯有通過感覺才能開始認識外部世界，唯有以感覺作基礎，才能建立認識和知識的大廈（即使感覺同外物的實際狀況有差距，即第一點不能保證時也是如此）。懷疑論者對這兩點都是否認的，而第一點是反駁的重點和基礎。伊壁鳩魯派為了肯定感覺，實際上強調的是第二點，對第一點並沒有真正作出有力的回答。

這是因為，實際上人的感覺中有主體的方面，有環境的影響，都會影響我們的感覺對外界的反映，所以感覺反映外物時必有差異、矛盾、錯覺。這些在懷疑論的各種論據中已經展現得很清楚，普通人也對此有了解，伊壁鳩魯和盧克萊修也明白地承認。所以實際上對伊壁鳩魯派來說，感覺是否能正確認識事物的問題並沒有解決。關於感覺為什麼會產生差異和錯覺的問題，伊壁鳩魯派在他們的原

子論自然哲學中有所探討分析（下面再談）。但是從大原則上說，伊壁鳩魯必須首先肯定感覺是最根本的認識論原則，於是，他們便出人意外地採取了另一種辦法來解決，這種辦法真正說來，只是迴避了懷疑論提出的問題。

辦法之一：把感覺、感官活動絕對地孤立化，即，任何感覺都是一個事實，與其他感覺事實無關；這樣就迴避了任何一個感覺和其他感覺的比較與矛盾。

辦法之二：迴避了感覺是否反映了外部事物的真實狀況的問題。他們說，感覺告訴我們的只是一個感覺事實而已，認識外物究竟是什麼，並不是感覺的任務，而是理性的任務。只有理性的意見、判斷，才能認識事物的本質，它可以是正確的，也可以是錯誤的。既然如此，認識上的錯誤就只是屬於理性的事情，感覺就不會發生錯誤了。正如盧克萊修所說：如果說到錯覺，「這裡我們絕不承認眼睛受了騙」，因為「眼睛的任務」只是注意光和暗，形狀等等，至於事實如何，是否像我們看見的那些現象那樣，「這完全應該由心靈的推理去決定，我們的眼珠也不能認識實在的本性。所以請別把這心靈的過失歸之於眼睛，也不要輕易認為我們的感覺處處靠不住。」伊壁鳩魯本人說得更明確：

> 錯誤永遠在於意見，把意見加到待證實的或不致發生矛盾的事情上，結果卻並未得到證實或者發生矛盾了。而真理是可以證實的和無矛盾的。如果沒有某些從對象而來的物質的流射實際上到達我們心中，那麼，在睡夢中來到我們心中的、或心靈有意運用而得到的、或從其他判斷工具得到的影像，就不會同那些存在的事物和我們稱之為真實的東西如此相

似。如果我們不是由於放任某些別的在我們自身中的活動，
它們雖然同來自外物的影像相似卻並不相同，錯誤就不會發
生。如果它沒有被證實或有矛盾，那麼錯誤便從這種運動中
產生；如果它被證實或者無矛盾，真理就由此產生。❹

所以，我們看到伊壁鳩魯在確立感覺為準則的時候，強調的是
以下幾點：

感覺只由外物引起，不依賴理性，而理性完全要依賴它，它是
人認識外部事物的基礎和源泉。

它本身不記憶，不運動，也即不聯想，不比較、不推理，所以
不會在對外物的感知時，添加或減少什麼別的東西。換言之，這類
增減不能由感覺本身負責，乃是記憶、聯想、理性思考等其他心靈
活動造成。這些活動或運動既是造成對事物真實判斷的來源，也是
一切錯誤的來源。而感覺都與此無關。

感覺是個別的、孤立的事件，所以一個感覺與別的感覺無關，
感覺也不受理性的影響，它本身沒有任何錯誤的可能性。這樣的感
覺就成為不可駁斥的準則，認識外物的最直接最可靠的標準。

對於感覺準則的強調，是伊壁鳩魯認識論的基石。但是我們應
當指出，他們的論證是有重大缺陷的。感覺作為對外物的真實反映
的涵義，並沒有得到確立。因為錯誤只能發生於理性活動的說法，
並沒有解決而只是迴避了錯覺的問題。他們所謂感覺是真理的準則
的說法有自相矛盾。實際上伊壁鳩魯是在合糊其辭中，或者說，只
是在人真的唯有通過感覺才能反映外物，感覺本身是一種在人身上
真實發生的事件，這樣的涵義上說感覺是認識的依據和準則的。

---

❹　《致希羅多德的信》，D. L. 10. 51–52。

四、關於「先前儲存的觀念」的問題

伊壁鳩魯的προλήψις（直接照音寫作prolepsis），雖然涵義不難理解，卻不大好用通常的認識論術語來表達，特別是難於用中文翻譯清楚。按希臘文原義，προ-指「以前」，λήψις指「取得的」。問題在「以前取得的」到底是什麼東西。伊壁鳩魯指的很明確，是感覺和感性知識的積累。這是我們了解這個詞首先必須注意的一點。不過，這個詞還有另一方面的意義，那就是它在運用中實際上已經進入了理性的範圍。「以前」我們獲得的感性知識的積累，在運用到當下的對象時，它起著理性指導的作用，相當於人們通常所說的「概念」一詞的意思（雖然在古希臘人那裡還沒有真正的「概念」一詞）。

西方學者對於prolepsis有兩種英譯辦法，一是preconception，在conception前面加一個前綴pre-；另一種是乾脆譯為conception。conception意為that which is conceived，而conceive既可以是理性的也可以是感性的，所以在英語中問題不算很大。但是以前中國學者們卻把conception只理解為「概念」，因而就產生了對於prolepsis的兩種翻譯辦法，一種譯作「預知」、「預見」，另一種就譯作「概念」。譯成「概念」是有毛病的，因為儘管伊壁鳩魯的prolepsis也具有理性這一方面的涵義，並且明白好懂，但「概念」一詞完全沒有表達伊壁鳩魯本人用這個詞時特別注重感性知覺觀念積累的意思。而「預知」或「預見」這種對外文照貓畫虎的譯法，則完全是錯的，因為漢語詞「預知」或「預見」指的是現在對於將來未知事物的推測，但prolepsis所指正好相反，是原先已經獲得的對外界事物的知識。所以兩種翻譯都成問題。

對於這個不易翻譯的詞，我想譯作「先前儲存的觀念」比較符合它的原義。同時我覺得也不可忽視它在運用時具有理性概念的涵義，因而有時或可譯為「既得概念」作為彌補之用，表示與通常的「概念」一詞既有關聯又有所不同。

但是重要的還是伊壁鳩魯派自己使用該詞時所給予的解說。第歐根尼·拉爾修報導說：

> 他們用 prolepsis 來指儲存在心中的一種把握（apprehension，即對觀念的把握，或理解 —— 引者注）、一種正確的意見或一般觀念，即對某個外物顯現的回憶，例如，「如此這般的一個事物是一個人」。一說到「人」，我們馬上就會按照這個先前儲存的觀念想到他的形象，有如感覺原來給我們報導過的那樣。每個這樣的詞的基本涵義，都是直接的清晰的。我們如果不知道在尋求的是什麼，就不能尋求。例如，當我們說「站在前面的是一匹馬或一頭牛」之前，我們必定靠著先前儲存的觀念已經知道了一匹馬或一頭牛的樣子。我們不能說某物是什麼東西，除非我們事先已經靠一個先前儲存的觀念知道了它們的樣子。因此先前儲存的觀念是清晰的依據。意見是由某個先前已經清晰的依據而來，例如，我們怎麼能知道如此這般的一個事物就是一個人呢，就是從這樣的一個關於人的先前儲存的觀念而來。他們也稱意見是一個假定，它可真也可假：那得到證實的或沒有矛盾的，是真的；若沒有證實或有矛盾的，是假的。由此引出有待證實的問題的觀念，如遠距離的塔有待我們走近，從近處去觀察，來證實我們的意見是否正確。❺

可見，伊壁鳩魯用prolepsis一詞，是表示一種與直接感覺不同的對於外部事物的知識。它的內容完全來自我們先前獲得的對這類對象的感覺和知覺，我們把這些感覺和知覺儲存在記憶中，並用詞語把它們確定和保持下來。當我們一說到某個詞時，心中就馬上能喚起關於這類事物的一個感性知覺形象；當我們當下遇到某個對象時，就能立刻聯繫到這個形象而給它一個名稱。但因為這個詞語儲存的感性知覺形象對於該類事物的所有個體有一種普遍適用性，它就超出了感性知識，進入了理性範圍。成為我們進行思考、判斷和發表意見的依據。

就伊壁鳩魯強調prolepsis的感性知覺內容而言，它是「先前儲存的觀念」；但就它以語詞為形式，具有普遍性而越出了單純的和個別孤立的感覺範圍，成了理性的活動如判斷和推理的依據言，它又具有理性範圍的概念的性質。它具有這樣的雙重性。

人們在思考和學理研究中，要發表意見，必須依靠詞語和概念，不能事事直接求助於感覺。詞語來自我們對於各類事物的感覺、知覺和對它們的比較綜合，對事物的共同性進行概括，把認識提高到理性水平，因而成為交流思想和知識的工具。在伊壁鳩魯看來，這些語詞表現的是一些以前儲存起來的人們對外物的觀念。所以他要在這個水平上探討準則問題。

語詞作為貯存起來的觀念既然帶上了理性性質，在伊壁鳩魯看來，就有正確或錯誤的問題。只有那種正確的才能成為準則。伊壁鳩魯提出了檢驗「先前儲存的觀念」是否正確的兩個原則：一、能否證實，二、有無矛盾。

例如從遠處看一座塔，我得到的感覺是這座塔是圓形的，照伊

⓯ D. L. 10. 33b–34a.

壁鳩魯派的說法，這感覺本身是個事實，不能算作錯誤。但如果我根據這個感覺就發表意見說「這塔是圓的」，那就錯了，因為這已經是一個判斷，不再屬於感覺了。我應當用進一步的感覺、知覺檢驗它究竟是不是圓的。於是我再走近此塔，通過看、摸等等，于是得到了塔是方的感性知覺。並且我會發現後一印象更可靠，因為它距離近，不像上次因距離比較遠，多有空氣對流射的影響，使我對塔的感覺受到干擾。通過這種比較和檢驗的作用，我就能得到關於「此塔是方的」正確意見和判斷。又如，我們有獸身人面怪物的觀念。它是把兩種印象拼結在一起造成的。這兩種感覺印象（獸身，人面）本身沒有錯，錯在我們把兩種本來無關的影像結合到一起，認為有這樣的一種動物實際存在。但是我們從來沒有實際知覺到有這樣一種怪物存在。可見這種貯存的觀念是錯的。這錯誤也應由判斷負責，而不能由感覺負責。所以伊壁鳩魯指出，意見作為儲存的觀念是一種假設，它可以是真的也可以是假的。如果某個觀念得到了感性知覺的證實，並且沒有矛盾，即不與其他感性知覺矛盾或與其他已經證明為正確的觀念矛盾，它就是真的；那得不到證實的，或與其他得到證實的知覺和觀念有矛盾的，便是錯誤的、虛假的。

上述看法說明，伊壁鳩魯的「先前儲存的觀念」（或「既得概念」），從整個知識過程說只是一種第二級的真理標準，因為它本身的真假最後要由感性知覺來確證。感覺是第一位的，而它來自感覺，只能處於第二位。但是，它本身又有其特殊的意義，不能歸結為感覺標準。因為當我們用語詞概括我們對同類事物的種種知覺時，我們的心靈中必定有非常不同於個別孤立的感覺階段時的一些活動，如比較、聯想、積累和分析等等，於是感性知覺之間的矛盾就出現或暴露出來了，於是就需要有理性對這些感性知覺的整理和檢驗、

判別作用，最後達到一種統一而無矛盾的概念性的概括，實現對事物實在本性的認識。因此，這種先前儲存的觀念在認識上的重要性又遠高於感覺。

伊壁鳩魯派對人們通常稱作「理性概念」的東西作了「先前儲存的觀念」的理解，是一個非常特別之點。他們同其他學派在認識和研究方法論上的差異，大多發生在這個準則上。所以這條準則也是伊壁鳩魯哲學認識論的重要準則之一。伊壁鳩魯哲學中的原子論及其對影像、靈魂和感覺本身的解說，對天象的解說，對神的新見解，倫理學中對快樂和幸福、友誼、社會契約等學說的論證闡述，以及在這些問題上同其他學派的爭論，無不與這個「先前儲存的觀念」的準則相關。我們需要把握它的特別的涵義。

五、關於「情感」

他們認為有兩種情感狀態，快樂和痛苦，這是每個動物都有的，前者符合它們的本性，後者則與它們的本性違背，它們選取什麼和避開什麼就是由此決定的。

這是一條涉及人生全部的存在與活動的根本準則。它表明，伊壁鳩魯所說的準則，不單純是以前那些哲學所說的那種純認知的「真理標準」，而且是整個人生如何得到快樂幸福所尋求的真實依據。這一方面同感覺、先前儲存的觀念等認識論準則是彼此交錯相互作用的，因為人對自然的認識和態度，也同人的情感有關，歸根到底服務於人去苦求福樂的原則，而為了去苦求福，又必須依靠感覺和既得概念作為認識和知識的根據。因此毫不足怪，這條「情感」準則，

在伊壁鳩魯派那裡不僅管到倫理學方面，也制約著他的自然哲學研究等各個方面。

總之，伊壁鳩魯準則學的三原則涉及人的生活和認識活動的基本方面和層次：情感屬於人的內感官活動，「感覺」是人的外感官活動，「先前儲存的觀念」指對外部自然界的知識，也涉及各種倫理觀念和概念。感覺和先前儲存的觀念作為對外物的感性和理性知識，能幫助人使其情感符合實際生活環境狀況並使人學會審慎，以實現其追求快樂避免痛苦的目的。情感則是一切知識必須與之符合的根本目的，離開了它一切知識就沒有意義。一切知識都以外感官為基本出發點和判斷真假的標準，而這些知識有無價值則又以是否符合人的情感為最終準則。所以伊壁鳩魯的準則學歸根到底是以人的內外感覺為根據的，具有比較突出的感覺主義性質。

第五章 自然哲學基本原理：
原子論的重要突破與完善

現在我們來討論伊壁鳩魯的自然哲學，這是他的哲學體系中最堅實的核心部分或理論基礎。其地位相當於亞里士多德的形而上學加上物理學（更正確的說是「自然哲學」），或希臘哲學中所謂本體論加上一切有關解釋自然的部分。這是伊壁鳩魯哲學中的理論基礎，也是理論性最強的一個部分。

伊壁鳩魯的自然哲學是接著德謨克利特的原子論來的。但是如我們在第三章反覆討論和指出的那樣，他同德謨克利特之間有非常重大的原則區別。這種差別，就其理論形式而言，主要就表現在對於自然哲學和原子論本身的理解和規定之中。所以我在這裡將著重指出他們的區別所在，以求對伊壁鳩魯哲學的新進展得到更清晰的認識。

伊壁鳩魯關於自然哲學留下兩封信，《致希羅多德的信》是論自然哲學的一個總綱（他自己稱之為「小綱要」），《致畢陀克勒的信》則專門討論天體現象、氣象和地震等等引起人們普遍驚異和恐懼的各種自然現象。前一封信是我們研究他的自然哲學基本原理的主要依據。

這封信非常簡要。伊壁鳩魯向希羅多德說明他寫作時的考慮：

我為那些不能仔細鑽研我所寫的全部關於自然的作品的人，
或不能閱讀我所寫的較大著作的人，已經準備了一個關於整
個系統的足夠詳細的摘要，這樣他們至少可以適當地記住每
一部門裡面最一般的原則，以便在從事研究自然的時候，遇
到機會便可以在最重要的節目上對自己有所幫助。而那些在
綜覽主要原則方面已經有不少進展的人，也應該把整個系統
的基本要點所構成的概略記在心裡。因為我們經常需要一般
的觀點，詳細的說明倒不常需要。實際上，必須回到基本原
則，並且經常把基本原則記牢，才能對事實得到最基本的了
解。事實上，如果完全掌握並且記住了各部門中的一般原則，
就可以充分發現關於細節的準確知識，因為即使對於一個完
全入了門的人，其一切準確知識的最基本的特點也是迅速應
用觀察以及理解的能力，而如果把一切都總結在基本原則和
公式裡，就能夠做到這一點了。……根據以上所說，由於我
所描述的方法對於一切從事研究自然的人有益處，我又是極
力勸說人們不斷在這個領域努力，而且我自己就是從這裡獲
得此生的寧靜幸福的，所以我又為你寫了這樣一個摘要，總
結了我的整個學說的主要原則。❶

　　我們知道，伊壁鳩魯的著作，特別是關於自然哲學的著作，數
量很大。他在這裡告訴我們，他已經寫了「一個足夠詳細的摘要」
（所以人們猜測後來盧克萊修的《物性論》與此有關）。並且認為，
由於準確地掌握和牢牢記住基本原則最重要，它能使人在需要時迅
速應用於細節，而詳細的內容反而不必去死記硬背，所以他「又」

❶ D. L. 10. 35–37a.

給希羅多德寫了這封信——更為簡要的「一個摘要」。他還指出，這對於已經入了門的人也是很有用的。

　　看來，伊壁鳩魯對於概括和提煉其自然哲學作了很大努力，此信是兩次提煉的結果，是其最基本原理的表述。所以我們以之為綱是沒有錯的。但是，由於它是給一個「已經入門」的學生寫的，有些地方他認為可以略而不談，這樣表述就不免有過分簡略之處。與之相比，盧克萊修的《物性論》就相當充實，既有理論的闡述又富於實例的運用和發揮。因此我們的研究將以伊壁鳩魯的信為基幹，同時結合盧克萊修的闡述予以解釋和補充。

　　《致希羅多德的信》大致的結構如下：

　　1.開頭的導言和末尾結語，談寫這封信目的和方式，以及研究自然哲學的方法（見D. L. 10. 35–38b, 82b–83）。

　　2.正文可以先分為兩大部分。第一部分(D. L. 10. 38c–45b)是最基本的原理和最簡要的要點，可說是綱中之綱。伊壁鳩魯自己寫完這部分後指明：「如果把這樣一個簡要的說明記在心中，對於我們理解存在的本性就能提供一個足夠的輪廓。」❷所以我們應當首先著重闡明這部分的幾個要點。

　　3.第二部分(D. L. 10. 46–82)內容很多，包括論事物的影像和主體的感覺，對原子性質的各種重要規定，論靈魂和心靈以及它們同身體的關係，現象物體的屬性和偶性，論宇宙中的世界，人類的文明，論天象等等。從一個角度說，它們是第一部分最基本原理的應用、展開和發揮，涉及各種重要的事物的解釋說明；而從另一角度說，它們作為對於現實事物的各種闡明，反過來又對自然哲學基本原理和原子的性質的規定起作用，使之深入具體，充實了第一部分。

----

❷　D. L. 10. 45a.

因此，我們既需分別進行討論說明，更應注意他對這些具體現象的重要說明中同原子論基本論點之間的相互聯繫。

本章主要討論伊壁鳩魯的自然哲學的基本原理。除了關於他對人類文明和天象以及神靈等問題的論述，我想另章再論外，這一章將涉及此信的主要內容和大部分篇幅，包括他的研究目的和方法、最基本的原理和要點、以及若干基礎性的運用解釋。我希望通過研究這些方面能夠闡明：伊壁鳩魯的原子論確實突破了德謨克利特的若干基本缺陷，創造性地發展了原子論學派的本體論、認識論和方法論，為克服以往原子論在本質與現象之間的鴻溝，使之得以溝通作出了巨大的貢獻，從而造就了原子論自然哲學的更完善的形態。

一、研究自然哲學的目的和方法

在《致希羅多德的信》的開頭，伊壁鳩魯就強調我們研究自然的目的只是為了求得心靈的平靜和幸福，同時提出了他的方法論原則；到信結尾時又一次強調了自然研究的最終目的 (D.L. 10. 35–38，以及10. 82–83)。

先來看看他的方法論。這裡提出的方法是：

> 首先我們一定要弄清語詞所指，以便在使用這些語詞時能夠根據其涵義來對意見和研討的問題進行檢驗，使我們的論證不至於陷於無根據的沒完沒了的進程之中，也不至於使所用的名詞成為空洞無意義的。為此，我們必須承認在使用每一個語詞時其基本涵義是一望而知而無需解釋的。它是我們研討問題和意見時的標準。

此外，我們的一切研究都要依據我們的感覺，也就是依據心靈的或者任何判別標準的當下感受，並且依據直接的情感。這樣，我們就能夠對需要確定的和不清楚的事情作出判斷。❸

各種學說都是用名詞概念和由此產生的判斷、假設、論證來表達，並同不同意見開展爭論的，伊壁鳩魯的學說也是一樣。所以他首先要注意這一方面，把如何確定名詞術語的涵義，作為他的自然哲學研究和表達的首要問題。他所要強調的是：確定一個語詞（不必說這裡指的當然是那些重要的通常稱之為「範疇」和「概念」的語詞）的涵義的標準，歸根到底是感覺和情感。顯然，這裡涉及他的準則學中提出的所有的準則，因為他所說的要確定的語詞的涵義，就是我們前面討論過的那個prolepsis，即「先前儲存的觀念」：它實際上已經是理性的東西，但一定要以原來已有的感性知覺為依據，以情感為依據。

　　如我們在上一章所述，當這些感性觀念用名詞術語概括和儲存起來和提升為prolepsis（這裡實際上已經是理性的概念了）的時候，起初它還帶有猜測和假設的性質（亦即伊壁鳩魯稱之為可能為錯的「意見」），這時它能否確立，仍然要求感性知識的證實和沒有矛盾的檢驗。所以可以認為，上面引文所說的當我們使用某個語詞時「心中喚起的第一個無需解釋的影像」，指的並非任意的一個感官印象，而應當是原來已經儲存在某個語詞中的已經經過證實並且無矛盾的觀念。正因為如此，我們一旦使用該詞時，心中就立刻會把這個已經無需解釋的影像（即觀念）顯現出來，並且成為我們研究有關問

---

❸　D. L. 10. 37b–38b.

題和進行判斷的標準。伊壁鳩魯認為，這種觀念具有準則的意義。因此如何確立和澄清它們，也就成為我們進行任何研究時必須採用的基本方法。

這個方法，已經接近於近代自然科學中的假設和論證的方法，或所謂經驗的歸納分析方法。這是同德謨克利特那種非常絕對的理性獨斷方法非常不同的。伊壁鳩魯派並不否認他們的原子論帶有理性上的假說的性質，只是認為，一旦這種源於感官知識的理論學說獲得了經驗的證實並在歸納中沒有出現矛盾，也就可以認為是確立下來的正確理論了。因此，他們的自然哲學理論包含著可以在感性經驗基礎上加以修正的可能性；在有些情形下，還要強調容許對一類事件有不同解釋和避免武斷，為進一步探討開闢了道路。應該說，這裡包含著有價值的科學方法論因素。

伊壁鳩魯把人的情感也當作一個認識方法上的標準，這是近現代科學所禁止的。但是對於人生哲學，特別是對於伊壁鳩魯派哲學來說，這是必要的，因為他們研究自然的目的就是為了使人的心靈獲得寧靜幸福。他們的特點是認為，人追求寧靜幸福本身就是自然的本質和規律的一部分，是非常現實的東西。因此這種方法雖然不能說是科學的，但由於它體現了哲學和科學應當同人的自然需要和規律相一致的要求，而人的規律終究也是廣義的自然規律的一部分，因而也有其合理的成分。伊壁鳩魯關於原子有作偏斜運動的本性之假說，就同他肯定人有自由意志的情感有關。這個例子即是此原則應用之一例。

可見，伊壁鳩魯研究自然哲學的目的和方法，對這派哲學實在是非常本質性的。很可注意的是，他的哲學本體論不是演繹式的從本質與規律推演到解釋現實，恰恰相反，在他那裡，原子的性質、

特點和自然規律應如何規定等等，倒首先是在考慮到感性現實應如何解釋才比較妥當，或者說是在尊重現實及其解釋的前提下，才能得到確定的。

二、最基本的原理： 「只有物體和虛空」，以及這個提 法與「只有原子和虛空」的關係

《致希羅多德的信》正文的第一部分(D. L. 10. 38c–45b)，扼要論述了他的自然哲學的基本原理。這是一個綱領，弄清它才能進而了解他的自然哲學的其餘部分和全部內容。

這部分有三點內容應當把握。其一是伊壁鳩魯自然哲學的最核心的原理——什麼是真實的「有」。它為伊壁鳩魯創造性地發展原子論提供了一個基本出發點；其二是宇宙作為整體的無限性。它是以原子在數量上的無限作基礎的，結論是宇宙中世界為數亦無限；其三是關於原子最基本性質的規定。伊壁鳩魯對原子本性的規定最顯著地從理論上突破了德謨克利特的局限，完善了原子論哲學，為解釋自然種種現象提供了新的基礎。

本節先討論伊壁鳩魯自然哲學的最基本的原理：什麼是真實的有。

關於這條原理，伊壁鳩魯提出了三個命題來表述。

1. 他是從「無中不能生有，萬物不會變成虛無；宇宙整體永恆存在」這個最根本的命題出發開始討論的

　　弄清楚上面幾點（即研究的目的和方法 —— 引者注）之後，現

在我們要來研究那些感官知覺所不清楚的事情。第一條原理是：沒有什麼東西能從沒有「是（有）」的東西中產生出來；否則無需種子，一切東西就會從一切東西中產生。而如果消失的東西會毀滅，成為沒有「是（有）」的東西，一切東西就沒有了；因為分解成的是沒有「是（有）」的東西。宇宙過去一直如它現在那樣，以後也將永遠如此；因為它不會變成別的什麼，也沒有什麼在宇宙之外的東西能進入宇宙並使之變化。❹

　　我們清楚地看到伊壁鳩魯堅持了從巴門尼德以來希臘哲學的最基本的命題：非是者不能成為是者，是者也決不可能變成非是者（可讀作：無中不能生有，有也不能成為無）。這也就堅持了現象必有其本質（是）和本體（是者）的哲學立場。這條原理是伊壁鳩魯反對懷疑論和建立自己的哲學的基本根據。懷疑論否認對於「是」和「是者」的任何肯定；雖然他們並不否認我們可以感知現象，卻認為現象如夢幻，其中沒有任何實在的確定的本質可言，以理性來肯定「是」更沒有根據。並認為只要揭示出理性同理性、理性同感覺、感覺同感覺之間的矛盾，就摧毀了這種可能性。伊壁鳩魯則認為在感性現象事物中就有本質和本體（「是」和「是者」），通過儲存的感性知覺，在理性中就能對此肯定。

　　其次，這條原理在伊壁鳩魯那裡還特別表示了自然界萬事萬物的一條基本規律：一切事情都不會是無中生有，必有根源和原因。如種瓜得瓜種豆得豆，有精子卵子及其結合才能有人，事物的產生不是雜亂無章隨便亂來的。這裡的「是」並不只是抽象意義上的本

❹　D. L. 10. 38c–39a.

體，也指具體意義上的現象事物。所以伊壁鳩魯才說，「否則無需種子，一切東西就會從一切東西中產生」。「種子」是具體的事物的種子，從某種適當的「種子」才能具體地說明某物產生的原因。可見，伊壁鳩魯派的「無中不能生有」和只能從「有」生有，這裡的「有」或「無」還有具體事物的涵義。這是不同於巴門尼德所說基本原理的地方，說明伊壁鳩魯派溝通了現象事物和本體。

2.宇宙萬有「只是物體和虛空」

> 宇宙由物體與虛空組成。物體的「是（有）」是感覺本身清楚地顯示於所有人的，而對於不能清楚感知的東西，如我已說過的那樣，理性應以感覺到的東西為基礎來作出判斷。如果沒有我們稱之為「虛空」、「位置」和「觸摸不到者」，物體就沒有存在和運動的場所，然而物體的存在和運動是明白的事實。除了物體和虛空二者，我們心中無論用觀念還是類比，都不能知道還有什麼別的東西真實地有，除非只是物體或虛空的某種性質或偶性。❺

　　請注意：伊壁鳩魯雖然是原子論者，卻不是從原子和虛空出發來開始他的自然哲學，而是從物體和虛空出發的。自然或宇宙，只由物體和物體得以存在與運動的空間這二者構成，此外就沒有其他東西了。至於物體和虛空的某種性質或偶性，當然是「有」的，但這些東西都得以物體和虛空的有作為前提，不是獨立的「有」，所以真實的有只是物體和虛空。

　　為什麼伊壁鳩魯的「有」論，不是從「原子和虛空」出發（如

---

❺　D. L. 10. 39b–40b.

德謨克利特），而是從「物體和虛空」出發？他的理由是：「物體的『是』是感覺本身清楚地顯示於所有人的」，是可以用你的手和身體觸摸到的東西。而「對於不能清楚地感知的東西，……理性應以此為基礎來作出判斷」。而「虛空」即空間雖然觸摸不到，卻可由物體的存在和運動得知，這裡對於二者存在的肯定都是依據可以感知的「明白的事實」來確認的。所以他說，「除了物體和虛空二者，我們不能知道還有什麼別的東西真實地有」。

這種論證，鮮明地堅持了他的準則學從感覺出發的基本原則。他的「有」論必定要從感覺所知的物體出發、以現象作基礎；而既然原子不能直接感知，就不能作為肯定自然宇宙之「有」的出發點。這就同德謨克利特的觀點清楚地分別開來了。可是許多人雖然念了這段話，卻一點也沒注意，如 Russel M. Geer 在編譯注釋伊壁鳩魯時，竟然把這一節原文冠以「原子與虛空」的標題，好像伊壁鳩魯根本沒說過「真實的有」只是「物體和虛空」這句話、這個基本命題一樣。

在伊壁鳩魯看來，離開了感覺和現象，就談不上確認什麼真實地具有「是」的東西；那種純理性論證的所謂自然哲學或本體論，是沒有根據的。

那麼原子呢？它不是伊壁鳩魯認定的最真實的「是者」即具有「是」的本質的東西嗎？是的。但原子不能直接感知，而是用觸覺等等來感知的物體加以推論之後才得知的，所以伊壁鳩魯的自然哲學不能從原子出發。在他看來，原子的實在性，它作為真實的「是者」，之所以能夠從感性物體的運動變化推知，這只是因為原子本是包含在物體裡的、構成物體之為「是者」的東西。所以認定自然或宇宙只有物體與虛空，並沒有任何同原子論違背的地方。問題只在

於肯定原子論的態度、步驟和方法與德謨克利特不同：對於德謨克利特來說，肯定能為「是者」的只有「原子和虛空」，而這只能靠排斥現象的方式達到。在伊壁鳩魯則正好相反，宇宙自然的「是(有)」首先只是「物體和虛空」，進一步分析物體和虛空時，才能提出和論證原子與虛空之有，因為前者直接依靠感覺知覺就可確認，後者則需要推理和進行驗證。這個論證次序，符合尊重感覺的認識論和方法論進程。

應該說伊壁鳩魯對德謨克利特的這個重大修正是有道理的。

許多學者以為伊壁鳩魯的這種說法太常識性了，根本不加注意。但是同普通人的常識相通，並不是伊壁鳩魯的缺點，正是一個優點。在這個基礎上，再談深刻的東西，才是走在正確的路上。從「物體與虛空」出發而不是從「原子與虛空」出發，包含著哲學上相當重要的差異和分歧，值得人們留意。

順帶請讀者注意，伊壁鳩魯關於感覺準則的強調，裡面原是包含著一些很麻煩的問題的，例如我們所見到現象物體具有顏色、聲音、滋味、氣味、硬軟、冷暖等，哲學史上叫做「物的第二性的質」的性質，它們是物體本身具有的，還是人在同物接觸時人身上產生的主觀感覺？這些問題如何認識和解釋，在西方哲學史上從很早的希臘哲學家直到近現代一直是個很大的問題。德謨克利特否認感覺的真理性和可靠性也主要為此。伊壁鳩魯派也不贊成這些第二性的性質是原子本身這方面具有的（在這點上他同德謨克利特一致）。但是，他想出了一個解決問題的辦法，仍然以感覺作為肯定自然自身存在的依據，這就是把觸覺同其他感覺分開。他認為儘管其他感覺和那些感性性質不足以使我們斷定物體的真實客觀存在，但是觸覺，我們的身體實際接觸物的時候的那種最基本的感覺，仍然可以保證

我們判斷它們存在的真實性。在伊壁鳩魯派，觸覺是一切其他感覺和認識的基礎和出發點。宇宙萬有只是物體和虛空，這個最基本的命題是同人的觸覺不可分的，觸覺是認識自然的第一準則。關於這一點我們後面還會談到。

3.提出原子論的新方式

到這裡才提出原子作為萬有的本原的問題（作為構成符合物體的單純東西）：

> 物體中有些是複合物，有些是構成複合物的單純東西。這些東西是不可分的、不變的。這是必然如此的，否則萬物在分解時就會消解為無。複合物在分解後總有某些東西有力量保持下來，其堅固是不能以任何方式被摧毀的。因此，那些本原必定是不可分的、有形體的東西。❻

原子不能為感覺感知，需要用理性的假設和論證。但是與否認感官知覺真實性的德謨克利特不同，伊壁鳩魯完全是在感覺的基礎上運用理性來論證其存在的：物體的存在、分解和分解後總有東西保持下來，是我們可以觀察到的，由此可以得出物體有複合物及其組成成分這樣兩種形態的結論。在這個基礎上就可進而推論原子的存在：既然物體分解後總有東西存在而不會消失為虛無，就必有某種最單純的不能再分解的最終的「有」。這種推論在古人那裡是相當自然的，因為在他們看來，如果一種東西總是能繼續分割下去，它就會陷於虛無而不能是牢固永存的東西，「有」就不穩定甚至會消失。

---

❻　D. L. 10. 40c–41a.

為了保證「有」是「永有」，即從巴門尼德以來的希臘哲學第一基本原理（這是皮羅派實際上動搖否認，而伊壁鳩魯仍然堅信）的信念，伊壁鳩魯繼承了留基波和德謨克利特已經提出的原子論。這裡區別只在於，他把原子同可感知的現象物體聯繫起來，指出它是現象物體的一種組成部分，本身也仍然是一種物體，只不過是特別的一種——不再可分、小得看不見物體而已。盧克萊修用潮濕的衣服會乾，手上的戒指戴久了會變薄，滴水可以成窟窿，人可以嗅到物體發出的氣味卻見不到氣味這種東西等日常經驗，用在黑暗中射入的一束陽光裡面可以見到有無數的微小粒子在作不停的運動的現象作類比，來推測、假定和論證原子有其真實的存在——儘管我們能見到的只是現象中的結果，而見不到這種精細的東西及其運動本身。

同宏觀的物體及其運動相比，這種微觀的粒子過程無疑是比較深層的東西與過程。它是現象物體生成變化的一種微觀結構方面的原因。原子論就是說明這種原因的學說。

簡單說，伊壁鳩魯所肯定和論證的粒子或原子，(1)它也是一種物體，只是很小；(2)它不再可分，本身也不再變化（本原或本體不變、不可分，是一切古代本體論的基本觀點，否則它就不成其為本體或本原）。其中(2)是伊壁鳩魯與德謨克利特一致的，(1)則二者觀點完全不同。

小結本節所述，伊壁鳩魯在原子論的提出方式和基本論證方式上，同德謨克利特有原則分別，是我們必須注意的。

以上共說了三點，實際上不可分。第一點是他所肯定的最基本的哲學原理。它繼承了整個希臘哲學從巴門尼德以來的那條最基本的本體論（即「有」論）線索。第二點是他首先從可感知的事物和運動的現象方面，來落實這最基本的原理。伊壁鳩魯自然哲學區別

於一切純思辨的「有」論，也同德謨克利特明確不同之點，在這裡顯示得特別清楚。第三點是，他從原子論上完成了對「有」論最基本原理的肯定：因為只講「物體和虛空」，由於現象物體有生滅、運動和變遷，還不足以論證自然的「有」從根本上不會改變和它的永恆性；當指明了一切物體和現象乃是原子及其運動構成，原子的聚合和分解可造成物體生滅，但原子本身不變、單一、不可分、充實、牢固，不受其外在的聚合分解所形成的物體生滅的影響，這就證明了宇宙自然從整體上說其「有」是永恆和不變的。在這點上，伊壁鳩魯比德謨克利特前進之處在於，他使這個論證同感性現象結合起來：原子不是離開現象物體的東西，而是它的組成部分。當然，物體的組成部分可以有許多層次（如水火氣土，或是各種東西的「種子」），它們也仍然會有生滅變化；只是物體分解到的最後不再可分時的那個部分才是原子。如此，原子在伊壁鳩魯這裡，就有了雙重性，它既是同現象（物體）相關的最小部分或粒子，又是一種具有永恆不變的「有」的本性的形而上學本體，把這兩方面結合為一了。

把握這三點提法的關係（既有差別又一致），對認識伊壁鳩魯的自然哲學是個關鍵。

三、第二條基本原理：
宇宙作為自然存在的整體是無限的

伊壁鳩魯說：

> 宇宙作為整體是無限制的。因為有限制的東西就有邊界，一個東西的邊界是與其他東西相比而看出的，但是全體並不是

> 與他物相比的東西。因此它沒有邊界，就沒有限制；它既然
> 沒有邊界，就一定是無限制的、不受限制的。❼

這裡所說的宇宙無限性，包括物體數量無限和空間範圍無限兩方面，
相互關聯。他的論證如下：如果物體數量無限而空間範圍有限，無
限多的物體將沒有存身之處和運動之處；反之如果物體數量有限而
空間無限，物體就會在空間中無限地分散，不能聚集成物體和適當
停留。

　　根據這樣幾點：宇宙的空間範圍無限；其中包含的物體以及原
子數量無限；加上在最基本原理中所說自然之「有」永遠是「有」，
決不會變成虛無，宇宙整體作為「有」永恆不變，在時間上不會有
什麼開始也不可能有什麼終結；我們就可以得到他的關於自然無限
性的全面表述。——這是對於希臘自然哲學中最一貫根本的思想的
清楚完備的表述，它的實質是非常唯物的。伊壁鳩魯並不主張無神
論，但是他的神決不是創造世界的神。自然自有永有是他反對神創
世界論的基本依據。

　　與此相關，伊壁鳩魯還提出了有無限數目的世界的觀點或假
說。他寫道：

> 存在著無限數目的世界，它們有的像我們的世界，有的不像
> 我們的世界。因為原子數目無限，這是已經證明了的，它們
> 被帶到遠遠的地方。因為本性可以產生或製造出世界的那些
> 原子，並沒有在一個世界或在有限數目的世界上面被用光，
> 也沒有在所有相像的世界或與這些不同的世界上面被用光，

---

❼ D. L. 10. 41b–42a.

所以不會有妨礙無限數目的世界的障礙存在。❽

這是伊壁鳩魯從原子數目無限和虛空範圍無限中得到的一個推論，他認為這個假設是沒有矛盾的，因而可以成立。這是對自然或宇宙無限性的進一步理解。他的這種看法對於受制於一定範圍的「世界」觀或比較狹隘的宇宙觀，是一個突破。

四、對原子基本規定的修正

（一）出發點是強調對本體的規定必須與現象的解釋相一致

原子作為存在本體，其性質同現象事物非常不同。

現象事物，是伊壁鳩魯首先肯定的有，因為它是人生活的基礎，一切知識的基礎。他的自然哲學從現象的物體開始，並以對現象事物及其規律的合理解釋為目的（自然哲學），從而達到使人能獲得內心寧靜幸福的生活這個哲學追求的最終目的（倫理學）。但是，由於現象事物總是可以不斷分割，多變和有生滅，從有論即本體論說，它不能提供一個穩定不變的「有」作為自然觀的支柱或基礎，人心也就不能得到安定感。原子論的意義就在解決這個基本問題。因為它所設定的原子的「有」，是完全充實和不可分的，其存在方式與變動生滅的現象非常不同，就能具有永恆之有的本性。用這樣的本體來構成萬物，用它們的結合、分解、運動來解釋萬物的生滅和運動變化，就可以認定萬物縱然生滅變化終究有其存在本性而非空幻，

---

❽　D. L. 10. 45b.

作為萬物總匯的宇宙的永恆不變之「有」也就得到了保證。所以伊壁鳩魯繼承了原子論的這個基本傳統。他在肯定現象物體之後，便突出強調它有原子作基礎。他要結合現象與原子本體，提出一種比較恰當的自然觀。但是有一大難題立即擺在面前。這兩種「有」既然在性質上非常不同，如何能夠溝通和結合呢？

那多變的、不斷生滅的、可以不斷分割的現象事物，有一種最基本的特徵，就是它們的感性性質，或者更明確地說，是它們能夠被人通過感官（視、聽、嗅、嚐、觸等）來感知的性質，人們很自然地認為它們具有顏色、聲音、氣味、滋味、軟硬、冷暖等性質。物體的形狀和大小的性質也是人通過視覺和觸覺感知的，但是按照希臘人和後來西方人的知識論傳統，認為這些是同上述感性性質非常不同的物性，被稱作物的第一性的性質，而色、聲、味等等則叫做物的第二性的性質。

人們很早就注意到，物體的色聲味等感性性質具有變化無常的特點，所謂現象是不穩定不可靠的東西，首先就是由於物有這樣的感性特點。

希臘哲學和科學在區分現象和本質的時候，所依據的就是把知識嚴格劃分為感性的和理性的兩種。相應地，把物的性質劃分為可感性質和唯有理性才能把握的性質這兩種。希臘人最早用理性知識討論哲學上自然本體為何的問題始於畢達戈拉，他依靠的是數學和幾何學知識，後來才有巴門尼德那種更為抽象的純邏輯方式。所以這兩種方式就相互滲透吸取了。請注意，幾乎所有主張純「有」的哲學家，從巴門尼德到柏拉圖和德謨克利特，都肯定他們主張的純有是具有空間的幾何性質（形狀）和數學性質（數）的東西；在他們看來，這是不言而喻的事。他們不把這類性質視為現象事物的感

性性質，只視為理性才知道的抽象東西，是因為他們認為點、線、面以及數等等東西可以脫離實際事物而存在，並且只有在擺脫實際事物時才有其真正的「是（有）」。邏輯的抽象，數和形的抽象，是他們用以肯定自然本質本體的真正根據。

這種區分是很有意義的，但是在分離了現象和本體之後，又造成了使二者難以統一貫通的嚴重難題。現在伊壁鳩魯要把原子論同現象統一起來，可是沒有感性性質的原子，究竟如何能同具有感性性質的現象事物聯繫起來，二者的通約性究竟何在？

既然伊壁鳩魯肯定原子是最終的真實存在，是現象事物的根本原因，那麼，問題的答案就只能從原子的本性來尋求。原子的本性就是「是」，是不會改變的、最穩定的，同時它又能夠通過各種方式產生那些人可感知的物的性質，足以解釋人為什麼會看見自然具有如此豐富的多樣性和變化。那麼它能「是」些什麼呢？

答案是：它只能是原子的形狀和數量、原子的運動和彼此結合等等性質。因為(1)這些東西本身是自然物體的第一性質，不會改變，同「是（有）」的本性一致而不矛盾，原子具有這些性質絕不會影響它的永是永有本性；同時，(2)從這些性質出發，又能開闢通向現象事物的道路。

留基波和德謨克利特本來已經有了從形、數、運動和結合上對原子的規定，伊壁鳩魯當然是同意的。問題是德謨克利特並沒有也不打算解決原子同現象的統一，而伊壁鳩魯要認真解決這個問題，這自然會影響兩人所作的對原子的規定本身。因此，伊壁鳩魯在繼承德謨克利特見解的時候，理所當然地要加以批評和發展，提出他自己的新的觀點。他認為這樣才能克服德謨克利特的缺陷。粗粗看去，他提出的一些修正似乎都只是對德謨克利特的小小「偏離」，很

不起眼，實際上卻非常重要甚至帶有關鍵性，所以我們不可不加認真的注意和研究。

對原子的規定是關乎伊壁鳩魯全部自然哲學解釋的基礎，非常關鍵。在我們考察時，那些同德謨克利特一致之處提到即可就不必多說了，應該注意的是他的新意。現在我們就來分別討論一下他的新看法。

（二）原子有數不清卻非數目無限的形狀，每個原子不可分卻有其部分

這兩點彼此有關，都是對德謨克利特原子論的重要修正和突破。

1.原子有數不清的但不是數目無限的形狀

伊壁鳩魯的原子，作為最真實的有，沒有色、聲、氣味、滋味等等靠人的感官知覺感知的那些性質，但必有大小、形狀和數量這些空間和數學的性質，這被視為絕對和當然（見D. L. 10. 54–55a）。

伊壁鳩魯同意德謨克利特說原子在數目上無限的規定，也贊同原子的最基本的性質是它們有形狀。但是在對原子形狀的規定上提出了兩個重要的修正：

(1)原子雖然數目無限，但在形狀和大小（有形狀的東西必有大小體積，所以大小是形狀必定具有的相應性質。因此有時可以隱含在形狀的概念之中）的差別上數目並非無限，只是多到數不清。

(2)每個原子既然有形狀大小，就有它的部分。這同原子不可分的本性並不矛盾。

這兩點都堅持了原子之為純粹和絕對之「有」的本體論，同時

又給解釋現象開闢了寬闊的道路。先說第1點。他寫道：

> 原子在形狀方面有數不清的差別。因為這麼多可見事物展現
> 出了如此豐富多采的形相和性質，若構成它們的原子在形狀
> 上只有可設想的那些，是不可能的。每種形狀的原子，數量
> 無限；但是原子在形狀上的多樣性差別不是無限的，只是數
> 不清的多。❾

為什麼原子在形狀大小上的差異之多，不應是數目無限呢？他
說明的理由是：

> 我們不要設想原子有各種各樣形狀，這樣，我們的想法就不
> 會與現象的實證相矛盾了，可是我們要設想有某些不同的大
> 小。因為如果如此，我們就可以更好地解釋我們的感情與感
> 覺裡所發生的事實。而為了解釋事物裡的性質的差別，卻並
> 不需要存在著各種各樣大小的原子，因為這樣就一定會有某
> 些原子進到我們眼界之內，成為看得見的，但是從來沒看見
> 過這樣的事，也不能想像一個原子如何能夠變成可見的。❿

德謨克利特只是籠統地說原子有形狀且數目無限，伊壁鳩魯認
為從溝通現象的角度看不夠妥當，必須修正。他同意原子的形狀應
當是多樣的，因為這對「更好地解釋我們的感情和感覺裡所發生的
事實」十分必要。這是從積極方面來說的。另外，從消極方面說，

---

❾　D. L. 10. 42b.

❿　D. L. 10. 55b–56a.

對這種多樣性也要限定，因為如果原子的形狀多到無限，就一定會推論出有大小上能被肉眼看得見的原子，從而同原子論的基本假定相矛盾。伊壁鳩魯把德謨克利特的一個理論漏洞補上了。

關於原子形狀多樣性對於解釋現象事物的積極意義，我們將在後面同他的下一論點一起給予說明。

2.原子不可分，又有其部分

原子有其部分同時又不可分，是伊壁鳩魯在理論上對原子論的一大創見。它解決了以前原子理論上的一大矛盾，對解釋現象有重大意義。

德謨克利特雖然承認原子有形狀，但是他在強調原子作為最小的然而又是最純粹的「有」必定是不可分的「一」時，似乎理所當然地也就否認了原子有其部分。這是因為有「部分」的東西使人很容易認為它必是可分的。「不可分」同「有部分」在概念上好像不能並容。

但是問題並沒有這麼簡單。因為不可分的原子是有形狀的，是占有一個空間位置的或有大小的東西，否則它就無法存在。那麼，如果原子真的沒有任何部分，它的「形狀」本身也就成問題了。因為任何形狀，無論是圓的、方的、或是有規則的無規則的多邊形的東西，總有邊緣和中心，這已經是有部分了（柏拉圖在其《巴門尼德篇》的八個論證中已經指出了這一點），還不必說因為任何形狀大小占有空間，必可分為某些部分。完全沒有部分的東西，就等於一點也不占有空間的最抽象的集合點，等於沒有實際的存在。這樣的原子如何能夠結合和分離並組成萬物呢？可見，承認原子有形狀和否認原子內部有其部分，不僅無法解釋實際的自然萬物和現象，在

理論上述也是一個自相矛盾的說法。這種矛盾，比起難於把「不可分」同「有部分」聯繫起來更大，因為這是一種客觀的本質的矛盾，而後者只是一種概念上如何把握的困難。

真正說來，這個問題從巴門尼德就有了。他由於認定存在必是不能因無限分割而變成無的東西，就斷言他只能是「一」，不能是「多」，不能有部分。這樣整個宇宙在他那裡就成了「One」，一個完全充實的東西，它占有了全部空間，卻沒有任何的部分。這樣，自然的多樣性和運動就沒法解釋了，於是愛利亞派就乾脆否認有「多」和運動變化，說那是虛幻不真的現象。德謨克利特雖然用「多」的原子代替了那個宇宙大全「一」，並承認有虛空，用「多」的原子在虛空中運動、組合來解釋自然，但是由於他對「有」仍然繼承了巴門尼德的基本思路，認為最基本的「有」（原子）如果還能再分的話，就會變成缺少充實的虛無東西，失去其「是（有）」的本體資格，便同樣認定原子只能是「一」而不能有部分。他繼承了巴門尼德關於有形狀大小的本體之「有」不能有部分的這個自相矛盾。

伊璧鳩魯勇敢地突破了這個由來已久的希臘哲學本體論的理論禁區。他雖然依舊堅持原子不可分的基本觀點（這在當時是很自然的），但他同時強調：原子也有其部分，從而解決了德謨克利特的矛盾。這是一個新觀點，它是如何可能的呢？從純抽象的角度看問題，「不可分」同「有部分」在概念上是矛盾的，因為所謂「部分」的意思，不就是可以從整體分離出來的東西嗎？承認原子也有部分，如何能同堅持它不可分並存？

但是，伊璧鳩魯不再從純抽象的立場看問題，而是同感覺、同現象事物相聯繫地思考原子本性的問題。他認為原子也是一種物體，不過是「原初物體」，即可感知物體的一個最小組成部分，所以原子

與可感知物體有本質上的同一性：都有形狀就是它們最基本的相同之處。正如可以看見的物體因有形狀大小必有部分那樣，原子有「形狀」就意味著它也有部分，只是原子的那些部分實際上無法分離而已。他這樣寫道：

> 我們必須承認可感知的最小物體同那些大到足以使我們能用眼睛從它的一個部分轉移到另一個部分的物體不同，也並非完全不同，只是它在與那些物體有共同點的同時，並沒有被分割為各個部分。但是如果我們從其相似性來進行想像，我們也能在這最小的物體中進行劃分，它的一邊是一個部分，另一邊是另一個部分，那這個部分的東西必定是另一個最小物體，同我們見到的先前那個最小物體一樣。不過事實上，我們看見的這些最小物體是一個一個的，它們並未占有同樣的空間，我們也看不到它們的那些部分相接觸，只是它們由於自己的本性有大小，較大東西裡占的空間部分多，在小的裡面就少。
>
> 我們必須認為原子的狀況也類似於可感知的最小物體，除了比可見的最小物體更小這點不同外，類比是一樣的。顯然原子的最小部分比可感知的最小物體的部分更小，但是就其為部分而言是一樣的。我們已經說過可感知物體同原子都有大小，儘管在這方面層次相差甚遠。進一步說，我們要把原子的那些非組合的部分（指這些部分不能實際上從原子分出來，所以這些部分在原子裡面沒有互相組合的關係，「非組合」即實際上不可分離 —— 引者注）認作是一些界標，它們是我們從思想上考察不可見的原子大小的手段，無論是較大的還是較小

的原子都一樣。原子的最小部分同可感知物體中的最小可感知部分的相似，足以證明我們到此為止的結論；不過原子的最小部分不能分別地運動和進行組合。⓫

Cyril Bailey 在翻譯盧克萊修《物性論》有關這個論點的說明時寫了一個注，有助於我們理解伊壁鳩魯派這一論點。他說：「這是關於原子的完全堅實性（因而也就是不可毀滅性）的另一個艱深的證明。盧克萊修像伊壁鳩魯已經教導他去做的一樣，從可見的東西用類推來論證。例如，如果我們把注意力集中在一根針的尖端，我們就能看到這麼小的一點，雖然它本身是可見的，但已經是視覺所能見的最小限度的東西。如果我們嘗試著看它的一半，那麼它就會消失不見。針本身就是由無數這樣微小的點所構成的。同樣地，原子乃是由一些微小部分構成的，這些部分只能作為原子的部分而存在，而不能從原子分開；它們乃是物質存在的最小限度，離開了它們所組成的原子，就不能獨立存在。所以原子是有廣延的，但卻沒有可分開的部分。換言之，原子是完全堅實的。」⓬

在伊壁鳩魯，原子不可分是一個關於「有」的基本哲學假定，它同「有永遠是有，絕不能成為無」的希臘哲學傳統核心幾乎是完全等同的一回事；因為在希臘人看來，「有」只要無限分割，就不能保持它的「是」而一定會消失成為虛無。他還不能完全擺脫這個傳統看法。但是，我們看到，他還是在很大程度上突破了這個看法，承認原子有部分；只是他說，這些部分不能從原子分離出去，這樣就仍然保持了原子不可分的傳統。──實際上，物質和事物的「可分」

⓫　D. L. 10. 58–59.

⓬　引自《物性論》中文版，頁33。

和「不可分」原是可以並存的，或是對立統一的。科學的發展證明，一切宏觀和微觀的東西，都是在一定意義上既可分又不可分。有機物則更清楚地表明具有各個部分的生命整體不可分的根本性質。伊壁鳩魯的提法與此接近相通，有其理論價值。

3. 原子形狀數不清和原子有部分兩個論點，是伊壁鳩魯溝通原子（本體）同現象的重要出發點

伊壁鳩魯已經提出了這個看法（見注❾所引D. L. 10. 42b處），不過他在信裡說得太簡略。盧克萊修對此有一番說明，我們可以引來作為注釋。

盧克萊修同伊壁鳩魯以及德謨克利特一樣，認為事物和原子一樣本來是沒有色、聲、味這類感性性質的：

> 你要注意認識，否則你也許會猜想
> 那些在你眼前閃爍的白色東西
> 乃是由白色的種子所造成的，
> 而黑色的則是用一種黑種子；……
> 因為物質的原初物體絲毫不帶色彩——
> 既不是和物同色，也不是和物不同色。❸
>
> 你也不要以為原初物體
> 只不過是沒有顏色而已；
> 它們同樣也與溫暖和寒冷沒有關係，

---

❸ 《物性論》卷二，見中文版，頁104，以下在引用時個別地方按英譯本稍有改動。

　　而且它們也並不發出什麼熱氣；

　　它們運動著，既缺聲音也乏水分；

　　也並不從它們本身

　　拋放出任何自己的氣味。

　　……

　　同樣地，事物的始基在產生事物的時候，

　　必須不能被認為供給事物以顏色或聲音，

　　因為它們不能從本身放送出什麼東西，

　　也不能放出氣味、寒冷、熱氣和溫暖。❹

但是他按伊壁鳩魯的教導，認為事物的感性性質可以用原子的新規定加以解釋，這就和德謨克利特不同了。感覺的客觀原因是對象中原子的形狀、結構和運動：

　　……小心不要用顏色污染物的種子，

　　否則對於你萬物就將徹底歸於無有。

　　此外，如果種子沒有任何顏色，

　　而卻具備著不同的形狀，

　　從這些形狀它們就產生各種顏色

　　並加以變化；因為最要緊的是：

　　以什麼姿態跟什麼種子相結合，

　　以及它們給予和取得什麼樣的運動；

　　那麼你就可以很容易地猜出，

　　何以一小時之前是黑色的東西，

---

❹　同上，頁109–110。

能夠突然像大理石一樣白亮起來，——

例如當狂風挑起了它平靜的水面的時候，

大海就變為一片白浪滔滔，

白得像大理石：因為你能夠宣稱

我們平常看見是黑色的東西

當它的物質被重新攪勻、

有些粒子被再行安排、

有些被抽走、有些被加上的時候，

我們就看見它變成白亮亮的。

但如果是蔚藍的種子

構成了大洋的平靜的海水，

海水就絕不能變白：因為

不論你如何把蔚藍的種子搖蕩，

它們也永不能轉成大理石的顏色。⑮

「從這些形狀就產生各種顏色」一語，告訴我們伊壁鳩魯派是如何把原子的規定與現象的解釋溝通的。我們感覺到的物的色聲味性質，歸根到底來自原子的形、數、運動和排列組合。

另一方面，我們對物體所能夠感知色聲味的性質，同我們自身的感官也有關係，而感覺來自生命，這些歸根到底也是原子及其運動造成：

……凡我們所見具有感覺的，

必須承認都是由無感覺的原素所構成。

⑮　同上，頁106。

......

自然把一切食料變為生物,

從它們產生出所有生物的各種感覺,

其方式大抵正如她把乾柴

展開為烈焰而使之全變成火。

因此你難道還看不出最重要的乃是:

事物的始基是按什麼秩序而排列,

它們是與什麼其他的始基混合起來,

它們相互給予和取得什麼樣的運動? ⓰

關於伊壁鳩魯派對感覺、生命、靈魂、心靈和身體以及它們之間的關係如何解釋,我們到下面還要作些扼要說明。這裡只是先指明,他們溝通原子和現象的基本觀點,無非來自上述兩個方面:有感覺的生物的生成,和現象事物通過什麼方式作用於生物的感官;這二者歸根到底都與原子的形狀多樣性及其運動組合有關。從而得出結論:

可見無疑地一切感覺都能夠

從沒有感覺的東西產生出來。⓱

這樣,他們就從他們的原子論解釋了人們見到的各種現象。例如視覺感官接觸到由平滑的物體表面來的原子流射,產生白色的視覺;食物中的圓滑的原子同舌頭接觸產生愉快的味覺,而粗糙和帶鉤的

⓰　同上,頁111–112。

⓱　同上,頁115。

原子就會由於刺激口腔而產生苦辣的味道。不同生物和它們的不同感官，和不同的對象中的不同原子的不同形狀，彼此接觸產生了各種各樣的感覺。原子論者用形狀、運動等物的第一性的質來解釋色聲味等第二性的質，為近代笛卡爾和洛克等人提出的關於物體的兩種性質的學說開了先河。可見這一觀點對西方哲學和科學的發展有著非常深刻和深遠的影響。

（三）永恆運動和偏斜說

伊壁鳩魯寫道：「原子永恆地不間斷地運動」，這是同德謨克利特一致的，他們都認為原子具有永恆運動的本性。原子永遠在虛空中運動，它的運動本性是我們可以看見的宇宙自然萬物運動、組合和結構的根源。

伊壁鳩魯認為原子在虛空中有三種運動，一種是由於原子有重量而在虛空中作垂直下降的直線運動，另一種運動起於原子脫離直線而偏斜，第三種運動是起於諸多原子的相互碰撞。人們常說，承認第一種和第三種運動是伊壁鳩魯和德謨克利特共同的，但是關於第二種即原子具有脫離直線而偏斜的運動本性的假說，則完全是伊壁鳩魯的獨創。這種說法，馬馬虎虎說還可以，嚴格說是不準確的。因為德謨克利特雖然講過原子有碰撞，卻完全沒有說出它的根據，而照他的原子只作直線運動的說法，處在直線下落中的那些原子根本不能相遇，碰撞就是不可能的。所以他說的碰撞是空話。伊壁鳩魯對原子運動本性進行的修正，克服了德謨克利特學說的缺陷，對於完善原子論有重大的意義。

按《致希羅多德的信》現有的希臘文本，沒有關於偏斜說的文字（見Loeb叢書的希英對照本*Diogenes Laertius*，第二卷，10.43.）。

C. Bailey 和Russel. M. Geer 在翻譯到此處時，補上了一段行文：原子「有的直線下落，有的偏斜運動，有的彼此碰撞……」。根據古代文獻中的大量可靠證據，伊壁鳩魯無疑提出了原子偏斜學說，所以可以認為補上這一行文是恰當的**⓲**。

⓲ 對伊壁鳩魯原子偏斜說，古代文獻中有大量旁證。除了盧克萊修的重要論述，這裡列舉若干供讀者參照，如：

1.西塞羅《論命運》(Cicero, *On fate*) 21-25:「但是伊壁鳩魯認為命運的必然性是可以靠原子的偏斜來避免的。因此他在重量和碰撞之外加上了運動的第三種方式：原子的稍稍偏斜，或如他所用的說法，elachiston。這種偏斜的發生沒有原因，是他為了實踐之需而不能不承認的，……一個原子的偏斜運動不是由另一個原子撞擊而來……伊壁鳩魯提出這個理論是因為他擔心如果原子的運動永遠只是由自然的和必然的重量造成，我們就不會有自由，因為心靈的運動方式是受原子的運動支配的。而德謨克利特這位原子論的創始人則寧可接受一切由必然性支配的結論，他不改變原子的自然運動。」(A. A. Long & D. N. Sedley, *The Hellenistic Philosophers*, 20E, pp. 104–105)

　馬克思在他的博士論文中也引用了西塞羅的幾處有關重要論述，如在《論神的本性》第一卷第26節說，偏斜說是伊壁鳩魯對德謨克利特原子論的唯一修正。在《論善與惡的界限》第一卷第六章說，伊壁鳩魯為了解決原子作直線運動不能相互碰擊的問題，「就提出了這樣一個謊言：他宣稱，原子的運動多多少少有一點點（沒有更小的）偏斜。因此在原子之間就產生了複合、結合和凝聚，而結果就形成了世界、世界的一切部分和世界所包含的一切東西」。在《論神的本性》第一卷第25節說，伊壁鳩魯認為原子因為重量而下墜形成了不可轉移的必然性，「為了逃避必然性，他就想出了一個德謨克利特所沒有想到的辦法，就是除了重量和下墜，原子的運動還有稍稍的偏斜。西塞羅嘲笑伊壁鳩魯的「這個說法比起不能辯護自己所要辯護的主張還更為不光彩。」

　2.*Diogenes of Oenoanda*（奧依羅安達的第歐根尼）32. 1. 14–3. 14:如果有人引用德謨克利特的觀點，認為相互碰撞的原子沒有自由的運

伊壁鳩魯的原子偏斜說，在他的物理學和倫理學中都起著重要作用。可以從三方面說明：

首先，原子若只作直線下落運動，從此就永遠不能發生碰撞和聯繫，也就無從組合而形成物體。德謨克利特說原子在虛空中運動，它們彼此結合，形成旋渦運動，從中產生世界萬物，但是他沒有提出原子何以能夠在運動中彼此結合的說明。伊壁鳩魯看出了這個問題的重要性，因此他認為，必須在承認原子有重量和由此決定的直線運動之外，假定原子還有一種偏斜的運動本性，使它在直線運動中稍稍偏斜，這樣就解釋了它們彼此碰撞的原因，進而說明了物體的產生和種種其他物體運動現象。

其次，偏斜還涉及對於偶然性的解釋和強調。德謨克利特只強調必然性，伊壁鳩魯認為除了必然性我們也必須承認偶然性。垂直運動是必然性，稍微有些偏斜則論證了偶然性。這是伊壁鳩魯哲學的一個很可注意之點，他反對一切歸於必然性的命定論，在哲學上具有重要意義。

第三，與上一點有關，偏斜說的假定，同伊壁鳩魯高度評價和肯定人和生命的自由意志原則有特殊的關聯。這一層涵義在他的哲學裡甚至是更重要的。

關於後面兩點，我們以後會在相關的地方再加說明，這裡先提到有個概念就可以了。

動，一切運動都是必然的，我們就要這樣答覆他：「你難道不知道——無論你是誰——在原子中也有自由的運動，一種偏斜的運動，對這個德謨克利特未能認識而伊壁鳩魯發現的道理，他從顯明的事實給予了證明？」……引自 A. A. Long & D. N. Sedley, *The Hellenistic Philosophers*, 20G, p. 106.

總結以上關於伊壁鳩魯自然哲學基本原理的闡述，特別是其中關於原子本性的規定或假說，我們可以清楚看到他的原子論哲學上的突破和新發展。這種突破和新發展所圍繞的中心問題，是克服德謨克利特原子論對本質與現象的分離，使之得到溝通，從而保證伊壁鳩魯及其學派對於自然和社會人生各種問題的解釋。或者說，它們為伊壁鳩魯派建立自己的自然觀、社會觀、人生觀，提供了一個的理論基礎。

五、關於影像、感覺、靈魂和心靈。死無可畏

上面我們已經談到伊壁鳩魯對於感覺和生命的觀點中的某些要點。除此之外，影像說，以及他對於生命中感覺、靈魂、心靈的進一步解釋，也與此有關。由於這些解釋有一些來自先前自然哲學家，我們不必都詳加闡述，所以這裡僅就幾個值得注意之處作些扼要說明，以便我們對伊壁鳩魯這方面的看法能有一個比較深入的了解。他的關於「死無可畏」的人生哲學要點，是由這些看法得到的一個重要推論。

1.影像說

希臘自然哲學家們很早就提出了影像流射說來解釋我們對物的感覺。最早提出這一學說的是恩培多克勒，他用四根（水、火、氣、土）作萬物本原，認為感覺的產生，是由於萬物都連續不斷地發出流射，另一方面我們的眼睛耳朵等內部也有水土氣火等等發出流射，並有通道使從外物來的流射進入，以便和內部的流射相遇，這種相

遇就產生了視覺和聽覺等等。伊壁鳩魯提出的假說是：

> 有許多影像(outlines or films) 與堅固的物體形狀相似，而在
> 結構的細微上則遠遠超過可感覺的東西。因為並不是不可能
> 在圍繞對象的東西中形成這樣一些放射物，也不是不可能有
> 機會形成這種稀薄的結構，也不是不可能有一些流出物保持
> 著自己以前在堅固物體中原有的位置與秩序。這些影像我們
> 稱之為「肖像(images or idols) 」。❶⑨

這些影像或肖像有非常迅速的運動速度，所以在流出的過程中
很少受到衝撞和阻礙（當然有時也不免受到距離和空氣的干擾和變
形），在傳到我們的眼睛、耳朵和心靈中時，就產生了我們關於物的
視覺、聽覺和思想。嗅覺也與之類似，它的流射物是從物體的內部
而不是從表面發出的。

影像是物和我們之間一個中介。讓我們注意：影像說是伊壁鳩
魯派解釋物體的所謂第二性的質的一個重要觀點。

2. 觸覺同其餘的感覺不同，它最可靠，其餘的感覺都離不開觸覺

我們已經知道，伊壁鳩魯以感覺為首要的準則。但是，他又認
為，感覺到的物的色聲味等等性質並不是物體本身具有的，因為物
體所由以構成的原子只有形狀、重量、運動和結構等等，這些才是
物體所能有的真實性質。那麼，感覺作為人認識論的首要準則如何
能夠確立？而且，如我們在前面已經指出的那樣，當伊壁鳩魯僅僅

⑲　D. L. 10. 46.

說每一個感覺都是在我們認識中發生的不可否認的事實時，那是不夠的。因為這種意義上的事實並沒有涉及對象本身是否被認識了。作為認識論的準則，必須解決感覺和對象實際狀況的關係問題。

事實上伊壁鳩魯派對於這種關係，也還是有研究的。這是對感覺發生的進一步分析。影像說就是這種分析的一個環節。

我們的感官感覺物體有一種是直接的，其餘的則要通過影像作為中介。前者是觸覺，後者是視、聽、嗅、味覺和冷暖的感覺。在伊壁鳩魯看來，前者是可靠的，後者由於必須通過中介的環節就造成了變形。

請大家回憶我們前面已經提到過的德謨克利特觀點，他是把觸覺同其他感覺同樣看待的，都稱之為「假冒的」認識。伊壁鳩魯的看法則顯然不同，他雖然同意色聲味等不是物體本身具有，但是他不同意說觸覺所知的物性也如此，而是斷言觸覺感知的物的形狀、充實和不可入性等等是物的本性，即第一性的性質。這一看法，我們從他用觸覺來給物體下定義就可以明白。他由觸覺斷言物體為「有」，再由物體之有斷言組成物體的部分為「有」，再由物體的部分中必有不再可分的最後之有（本體）斷言原子為最「真實之有」。這整個論證過程是從肯定觸覺開始的。由此可見，伊壁鳩魯對感覺的信任，其核心是對於觸覺的信任。伊壁鳩魯把觸覺同其他感覺區分開來，使他獲得了一個可靠的認識論支點，因而同德謨克利特不信任感覺分別開來了。

然後，由觸覺出發，伊壁鳩魯再對其他感覺加以解釋。他認為色、聲、味之類感覺雖然並沒有物體本身的色、聲、味之類性質與之相符，但還是有物體本身的影像與之相關，這些影像的微粒結構和運動作用於眼睛耳朵鼻子舌頭的通道時，就產生出相應的感覺。

這類感覺使人產生以為物體本身有色聲味性質的誤解，雖然有問題，卻不能因此就可以全盤否定，因為它們藉以形成的影像和人的感官終究是原子論可以解釋的事實，只不過所感知的這類性質並不直接符合原子和物體，而是一些變形罷了。更明確地說，在伊壁鳩魯派看來，色聲味等所謂物性，歸根到底是原子和可見物體的形狀之類第一性質的變形，而這類感覺則是觸覺的變形。這種見解帶有機械論的色彩，卻也帶有科學的性質。比德謨克利特的觀點深入了一大步。

盧克萊修說，蜜汁奶液在口裡引起愉快的味覺，而苦艾令人作嘔、龍膽草辛辣得使人受不了，是因為觸動我們感官的東西不同：使人愉快的是圓滑的原素，而顯現為苦和辛辣的東西，是那些由更彎曲的原素纏結在一起因而老是鈎呀割呀地才進得我們的感官，使我們感覺不好受。尖得讓人身上起疙瘩的鋸子的聲音，和靈敏的手指在琴弦上彈出的旋律不同，一個使人難受一個使人快樂，也是由於觸動我們耳朵的東西形狀不同；同樣，焚化屍體的臭味，和聖壇上散發的阿拉伯香味，也是觸動鼻子的氣味中的原子形狀不同：

> 因為從未有一件迷醉我們感官的東西，
> 能夠不是由一定的原素的平滑所構成；
> 反之，凡是粗糙而討厭的東西，
> 乃是由一些原素的粗糙所構成。
> 還有一些原素則是很正確地被認為
> 既不是平滑又不是帶著倒鈎，
> 而只是略為凹凸不平，
> 能撩動感官而不傷害感官；

> 屬於這類的是酸性的酒石，
>
> 和土木香花的醬醪的味道。
>
> 再者，烈火和寒霜具有
>
> 不同的毒牙來螫刺我們身體的感官，
>
> 這點已由對它們兩者的接觸所證明。
>
> 因為觸覺——借神靈的聖威！——
>
> 觸覺的確是身體唯一的感覺。❷

把一切感覺最後都歸結為觸覺，也證明伊壁鳩魯派對一切感覺歸根到底有信任，當然不再是那麼簡單化的信任。

讀者會看出，伊壁鳩魯對觸覺的信任，同他對物的第一性的性質的信任是彼此相關的，也是同他對原子本性的規定相關的。可是德謨克利特卻沒有把它們聯繫起來。現在伊壁鳩魯做到了這一點，因而他把原子論這種本體論和基於感覺的認識論統一起來了；在這個統一的基礎上，他就能解釋一切現象，打通了本體之「有」與現象之「有」的聯繫渠道。

3.對靈魂和心靈以及它們與身體的關係的觀點

感覺的形成不僅要有外物和它們的影像這一方面，還要有主體方面即我們作為生物的感覺器官的功能，它是和我們的身體、生命、靈魂相聯繫的。

同希臘自然哲學的唯物主義傳統認為靈魂是一種物質東西的觀點一致，伊壁鳩魯認為靈魂是一種精緻的物質粒子，很像帶著熱氣的風，分布於由原子聚集構成的整個身體中，是產生感覺的主要

---

❷　《物性論》第二卷，中譯本，頁84–85。

原因。同時他強調說，如果靈魂不是以某種方式同身體的結構結合，
它也不會有感覺；身體的結構分解了，靈魂也就分散了，不再會有
感覺。這種認靈魂為物質東西和絕不能脫離身體的觀點，是很唯物
的。他說：

> 我們也必須明白了解，「無形體(incorporeal)者」一詞通常是
> 用來指我們可以想像為本身為有的東西的。但是除了虛空以
> 外，不可能設想有什麼無形體的東西能本身為有。虛空既不
> 能作用於其他事物也不能接受其他事物的作用，它只是給有
> 形的物體一個使之能夠運動的空間。因此，把靈魂稱作無形
> 體的東西的人是在胡說；因為若是如此靈魂就既不能起作用
> 也不能接受作用了，可是我們分明見到這兩種能力靈魂都具
> 備。㉑

靈魂既能夠作用於身體又受身體的作用，所以它必是一個實際
上有的東西，由於它絕不是虛空，就只能是一種有形的東西，他認
為是一些極其精微的物質粒子。

靈魂以及它和身體的結合幾乎與生命同義，其功能首先是感
覺。此外，伊壁鳩魯也認為有與一般的靈魂區別的更高級的心靈。
盧克萊修說：心靈是我們稱之為智力的東西，是生命的指導和控制
力所在。

> 心靈和靈魂是彼此結合著的，
> 並且以它們自己形成一種單一的自然，

㉑　D. L. 10. 63–67.

> 但是整個軀體的首領和統治者
> 仍是那我們稱為心靈或智力的理性，
> 而它是牢牢地位於胸膛最中心的地方。
> 在這裡跳動著驚惶和恐懼；
> 環繞著這裡有快樂的撫慰；
> 所以，這裡乃是智力、心靈之所在。
> 靈魂的其他部分則遍布全身聽候命令——
> 受心靈的示意和動作所推動。
> 心靈自己單獨有自己的思想，
> 它單獨有自己的歡樂，
> 當沒有什麼觸動靈魂和身體的時候。❷

突出心靈即理智的最高地位，顯然是伊壁鳩魯快樂主義的一個重要依據。心靈管思想，審慎，比感覺高，可以支配感覺，人的快樂最終有賴於心靈的支配。所以當伊壁鳩魯臨終身體受到極大折磨時，他仍然能夠保持平靜和幸福。

心靈比感覺高，但是盧克萊修強調它也還是物質的。

> 心靈和靈魂的本性是物質的：
> 因為既然我們看到它能驅策四肢，
> 能從睡眠奪回身體，能使臉色改變，
> 能統治和左右整個人的狀況，
> ——而如果沒有接觸這是永不可能的，
> 如果沒有物體則不會有接觸——

---

❷ 《物性論》第三卷，中譯本，頁137–138。

　　難道我們還能不承認心靈和靈魂

　　乃是由物質的自然所構成？

　　此外，同樣地你也看見心靈

　　跟身體一同受苦，和身體一同感覺。

　　……

　　所以，心靈的本性必定是物質的，

　　……

　　我斷言，它是特別精巧的，

　　是由極細小的粒子所構成。㉓

　　心靈和靈魂的物質性，以及它們同身體不可分的本性，是原子論唯物主義的貫徹。這當然還是一種比較幼稚的靈魂觀和心靈觀——但是對於伊壁鳩魯派論證「死不可畏」確是一個相當穩固的基礎。

　　對於伊壁鳩魯派來說，人生最重要的是求快樂和無苦惱。可是人們害怕死亡，視為最大的苦惱。這是完全沒有必要的。人死了他的靈魂和心靈也同身體一樣分解成無感覺的物質部分和原子了，返回自然，還有什麼苦惱可說？活著的人又何必為此擔憂？所以，人只要為他活著即有感覺時求快樂就夠了，對死的恐懼的大包袱可以丟開。

㉓　同上，頁139。

第六章　人類生活和社會歷史

按照伊壁鳩魯本人所說，他的學說中關於自然哲學的一般原理和關於人的生活的部分是清楚明確的，只容許一種解釋，而對於天上的諸多現象的解釋則不同，容許有不同的說明❶。可見他認為自己對於人類的生活和歷史已經有了一種明確的規律性的認識。這個部分當然很重要，並且同他的倫理學有更加直接的聯繫。按照這個說法，我們在討論過他的自然哲學基本原理之後，應當順序討論他的人類社會學說。

在《致希羅多德的信》中，他談到這方面的只有很短的一節，主要是說，「人們是受周圍環境的教育或由本能所驅使去做各種各樣事情的，後來理性才由於本能已經開始的（水準）上加工，並且導致了新的發明。」❷關於人類的發明，這裡只談到語言的自然產生，其他都沒有涉及。

---

❶ 見《致畢陀克勒的信》，D. L. 10. 86:「我們……不要打算把一切事情都理解得一樣地好，也不要以為我們的處理方式總是像我們討論人的生活或解釋物理學的一般原理那樣的清楚。這些一般原理，例如，整個的存在包括物體及不可摸觸的性質，萬物的終極元素是不可分的（原子），還有別的命題，它們對可能的現象只容許有一種解釋。但這是不適用於天上的諸現象的：這些現象在各種情況下都容許對發生的事件有多種原因和多種說明，只要它們不與感覺相矛盾，不與它們的本性相矛盾。」

❷ D. L. 10. 75a, 這裡我採用了 Russel M. Geer (Epicurus, Letters, *Principal Doctrines, and Vatican Sayings*, Indianapolis, 1981) 的英譯。

不過如我們前面引證他的《主要原理》條目時所知，他對於人類社會的契約、正義和友誼問題說過重要的意見。這些條目雖然簡短，卻也已經提供出了要點。盧克萊修則用了比較多的篇幅來闡述人類的歷史和文明的起源及演進，使伊壁鳩魯的人類歷史觀更有條理。現在我們就參照二者來進行一些討論。

一、人類原始狀態：
每個人憑本能為自己自力生活

盧克萊修在《物性論》第五卷描繪了人類發展史。按照伊壁鳩魯的觀點，他認為人在最初只是靠本能在自然界中生活，而這種生活是個體性而不是群體性的。

那時，人身體結實，還不會耕種，食物是野生的果實，棲息在樹林裡和在山洞裡躲避風雨，飲溪流的水，不會用火，也不懂得穿衣服。

> ……他們也不能夠
> 注意共同的福利，他們也不懂得
> 採用任何共同的習慣或法律；
> 運氣給誰送來了什麼禮物，
> 誰就自己把它拿走，因為每個人
> 都被教訓❸只為自己去自力生活和奮鬥。❹

---

❸　被本能或需要所教訓。

❹　《物性論》中譯本，頁322。

這是一些單獨的個人。另外，這些原始人雖然物質生活水準很低，也缺乏智力，很多人受到野獸的傷害，

> ……但是那時候
> 卻不會一天功夫就葬送了成千累萬
> 在戰旗底下邁步進軍的士兵，
> ……
> 當時人們常常不知不覺地
> 自己給自己下了毒藥，
> 現在因為有著更好的技術，
> 人們便把毒藥給了（別人）。❺

原始的人按其本性沒有害人之心，也沒有後來文明社會那些爭奪和戰爭的罪惡和災難。

這種原始歷史觀顯然有兩個特點。

1. 它是個體主義的。古代中國和東方人通常都素樸地認為人類本來都從氏族而來，這種看法基本上符合我們今天的人類學知識。伊壁鳩魯派則認為人類原是單獨個人的存在，這種見解，可說是一種只有希臘人才會有、而且是經過了古典時期發展以後才會有的觀點。我們知道，西方近代早期的自然法學派以及洛克、盧梭等人也持這種見解。它一方面是繼承了希臘觀點，另一方面也同西方近代資本主義的興起有關。不難發現，對人類原始狀態的猜測，總是人們對人的本性見解的突出表現；而人們對自己本性怎麼看，又總是同他們的實際生活狀況有關的。希臘人曾經獲得過城邦的自由和公

---

❺　同上，頁324、325。

民個人的自由，到了希臘化時期，城邦自由雖然消失，但是他們還有某種個人自由，也不願失去這種自由。伊壁鳩魯人生哲學的基點就在於堅持和維護這種個人的自由。於是他們的人類史觀就要以個人的單獨存在作為本初狀態和歷史的起點了。

2. 原初狀態下的人雖然沒有共同的福利和社會法律等等，卻也沒有人間的矛盾鬥爭，也就沒有罪惡。那些都是後起的。

二、個人在社會結合交往中
自然產生語言和契約關係

1. 人類社會結合的最初要求就是不要損害別人也不受別人損害，於是產生社會契約：

盧克萊修接著寫道，「此後，當他們獲得了茅舍、皮毛和火，當一個女人和一個男人結合之後，就和他一起住進一個地方」，生出孩子，產生了家庭生活，「人們就開始變溫和」。

> ……也是在那時候
> 鄰居們開始結成朋友，大家全都
> 願意不再損害別人也不再受人損害，
> 並且代孩子和婦人們向人求情，
> 他們吃吃地用叫聲和手勢指出：
> 對於弱者大家都應該有惻隱之心。
> 雖然當時完全的和諧還不能得到，
> 但是很大的一部分人都遵守信約，
> 要不然，人類早就該已經完全絕滅，

生育也不能使人類延續到現在。❻

他說這是在人類還不會說話的時候就發生的事，可見他認為此種契約是人同鄰人最初接觸就有的自然要求：每個人都需要自保安全，不受他人侵犯，也就要允諾不侵犯他人。

2. 語言也是自然發生的：「自然促使人們發出各種舌頭的聲音，而需要和使用則形成了事物的名稱，……因此，如果以為在那些日子有人給周圍的事物劃定了名稱，然後人們從他學習了事物最初的名目，那就是蠢話。」❼

三、人類文明進一步的發展：知識 和貪欲使人陷於罪惡和報復的災難

人們在生活中逐漸學會了利用火和陷阱對付和捕獵野獸，自然教人學會種植，森林大火使人發現熔化的金屬，人們開始學會用銅，後來發現了鐵，就用鐵做耕種和紡織的工具，人的生活提高了❽。同時也就產生了貪欲和人與人的爭鬥：

> 如果我們未領略過更好的東西，
> 那麼我們手邊現成占有的東西
> 就最使我們快樂，並且好像是最好；
> 但某種遲出現而可能是更好的東西，

---

❻　同上，頁325–326。
❼　同上，頁326–327。
❽　同上，頁338–348。

就毀壞了以前那種東西的價值，

並且改變了我們對於昔日事物的趣味。

就是這樣人們開始厭惡橡實；

就是這樣那些用草鋪成、

用樹葉堆好的睡床被拋棄了。

同樣地，穿獸皮變成了被鄙視的事——

它曾一度是受尊敬的袍子，我想，

那時它必定曾引起如此惡毒的妒忌，

以致第一個穿它的人必被埋伏者所殺。❾

貪欲帶來嫉妒、暴行、詭詐、戰爭和更大的報復：

人們總願望取得榮名和權位，

以便他們的好運在堅固的基礎上

能永遠安穩存在，以便他們自己

能應有盡有，平靜安樂地過生活——

但是，全都徒然；因為當他們

賣命攀登名位的山峰的時候，

他們使自己的路徑變得危險可怕；

而即使當他們有一天爬到了上面，

妒忌有時會像雷電一樣轟擊他們，

輕蔑地把他們拋下到最黑暗的地獄裡；

因為，瞧，所有的峰頂

和一切比別處更高的地方，

---

❾　同上，頁348-349。

都受妒忌的雷電所擊而冒煙。❿

帝王頭上那種如此莊嚴的王冠，

不久就染上血污而躺在庶民腳底，……

因為既曾過度為人所懼，現在它們就遭到了

群眾的鞋跟帶著更大的熱心加以踐踏。⓫

暴行和詭計包圍每個人

並且一般地都回頭反嚙那發端者。⓬

人類文明充滿罪惡，每個人都在這種罪惡的包圍之中。伊壁鳩魯派
這個認識，反映了失去城邦保護因而完全陷於個體原子狀態的希臘
人，在充滿紛爭的希臘化世界中的生活處境。在他們眼中，這個世
界就是一個罪惡的世界。幾百年後，基督教的使徒保羅在他的《羅
馬書》中特別強調了這個世界到處都充滿了罪惡，進而認為人類和
所有的個人都有罪；在這個基礎上他論證了唯有基督才是人類得救
的道路。這是人類自我新反省，並通過反省來尋求解脫罪惡和自新
之路。伊壁鳩魯也是沿著這條思路來為人的生活和人類的幸福尋找
出路的，但是他不求神，仍然把希望放在人自身和他的自然哲學的
基礎上。

四、新的經驗使人返回
##　　知足寧靜的人生觀和社會契約

---

❿　同上，頁331。

⓫　同上，頁332。

⓬　同上，頁333。

在這種情形下，人類靠什麼才能擺脫罪惡，走上安寧幸福的生活之路？伊壁鳩魯派認為人類以往生活的經驗，將會教導自己意識到不應破壞互不侵害的社會契約，並恢復和重建它。但是最根本的還是每個個人應當回到知足和安寧的生活,拋棄那種無休止的貪欲。

先說第一點。盧克萊修說：

> 既然以往每個人在盛怒中
> 都準備進行一種比公正的法律
> 現在所准許的更為屬害的復仇,
> 所以人們就厭惡過暴力的生活。
> 就從那時起，對懲罰的恐懼
> 就沾上了生活的一切勝利品；
> 因為暴行和詭計包圍每個人
> 並且一般地都回頭反齧那發端者,
> 一個人如果破壞了公共安寧的盟約,
> 就絕不容易過一種鎮靜安祥的生活。

這不僅是實際的，而且也是内心的要求,

> 因為即使他逃避了神和人們的眼睛,
> 他還必定害怕不能永遠藏住罪行——
> 既然傳說許多人常常在夢中說話
> 或在病中發囈語而把自己暴露出來,
> 並且終於公布出舊的秘密和罪行。 ❸

---

❸　同上，頁332-333。

侵害他人遲早要遭到更大的報復，因此作這種事的人永遠會處於恐懼之中。伊壁鳩魯派認為，正是這種經驗，使人明白不可「破壞公共安寧的盟約」。必須回到大家所約定的彼此不相侵害的社會契約上來。

這是伊壁鳩魯派治療社會病的基本藥方。直至今日，西方世俗文化建立安寧秩序的法律和道德的基本原理，還是這樣的一種理論：如果人對人是狼，那麼每個人為了自保，也需要遵守互不侵害的契約。

第二點，知足或清心寡欲的人生觀才是安全寧靜幸福的根本。

既然貪欲是人會侵犯他人的根源，也是導致別人嫉妒和報復因而使自己總陷於恐懼的根源，所以伊壁鳩魯認為以它為指導是完全錯誤的人生觀：

　　……使人的生命
　　充滿憂苦焦慮、使他們疲於戰爭的，
　　在昔日是獸皮，今天是紫袍和黃金。
　　在這方面，更值得責備的我想是
　　今天的我們：因為如果沒有獸皮，
　　寒冷就會折磨那些赤身的土著，
　　但是我們如果不穿那些鑲著金絲
　　飾以紋章的紫袍，也毫無害處，
　　只要我們有普通人的衣服來保護身體。

　　……這無疑是因為他還沒有認識
　　什麼是占有的限度，還沒有認識
　　真正的快樂增加到什麼地方就停止。

> 正是這種想得到更好更多的欲望
>
> 一步一步地把人類一直帶到了
>
> 大海深淵，……❹
>
> ……但是一個人如果
>
> 以健全的推理作為生活的指導，
>
> 如果知足地過淡泊的生活，
>
> 那他就是擁有大量的財富。
>
> 因為少許的東西他絕不會缺乏。❺

　　鼹鼠飲河，不過滿腹。金玉滿堂，徒增煩惱，到頭來還是一場空。所以人應當滿足於切實而素樸的需要，不要追求虛浮的名利排場。這樣的人就能夠避開紛爭，在社會中贏得一塊身心安寧平靜的幸福之地。

　　這種見解雖然似乎比較消極，其實對大多數比較善良的普通人來說還是一種比較健全的生活態度，直至今天基本上仍然如此。盧克萊修承認，人類在生活舒適上的種種發明，確實比原先的要好。從這裡我們知道，伊壁鳩魯和他的門徒並不是一般地不贊成人的物質和精神生活的改善，他們主張清心寡欲和知足，只是為了避免在追求生活改善中彼此的不和，和引發出來的人對人如狼那樣的相互侵害。在當今社會，如果在生產發展的基礎上，人能夠在保持社會安寧的契約的基礎上改進物質生活，同時適度知足，又贏得同別人的友好使內心快樂健康，豈不是比欲求無度要更加好的一種生活狀態？

　　伊壁鳩魯及其學派的人類生活和歷史觀，同他們的倫理學有密

---

❹　同上，頁348–349。

❺　同上，頁330–331。

切關係。它的特點是從經驗出發的，不贊成神干預世界和人的生活的觀點。西方後來的科學的或世俗的社會歷史觀，以及普通人的世俗生活態度，都受到它的深刻影響。他們的經驗，是希臘人在希臘化時代生活的歷史經驗的總結和提煉，同我們中國的古代人的經驗有所不同，我們注重家族家庭人倫的經驗和道理，他們則注重個人自由的保持、維護的經驗和道理。因而，他們的經驗重個人利益及其實用，卻難以建立真正的道德。這是因為道德這東西是不能離開人與人的關係來談的，人對人的關係有對立的方面，更有最深刻的一致的方面，這是道德必須考慮的基礎。後來西方人靠基督教的上帝和基督才得以建立起他們的道德；而我們中國的古人則直接在世俗性的人倫基礎上建立道德。但是，靠神能否真正建立人間的道德？靠人倫是否足以建立健全的道德？也不是沒有問題的。拿中國古代的人倫關係和人倫性的道德來說，由於不重視個人的獨立自由方面，就有很大的弊病，它不會產生社會契約論的思想學說，只能藉君父和家長來代表人倫整體利益和建立道德要求，這種對個人有壓抑性的道德就不免帶有虛假性。今天的中國正在逐步消除傳統人倫關係和道德中的宗法性質，與之同時，個人的獨立自由以及這些個人的新關係也有所發展。儘管這種新關係帶來了嚴重的社會問題和道德問題，仍然是一個歷史的進展。對付這類對中國人來說的新問題，西方人從古代直至現代已經積累了豐富的經驗，其中伊壁鳩魯的總結具有非常重要的價值。所以我以為，學習這種學說，對於我們今天很有現實意義。

第七章　論天象、神
　　　　以及必然性和偶然性

這是幾個不同的然而又密切相關的主題，我們把它們放到一起來處理。這裡所謂「天象」，包括天體的運行和氣象、地震等等自然現象，伊壁鳩魯提出了從經驗出發和多種可能的解釋原則，目的是為了消除人們把它們視為神的干預而來的恐懼；其中他強調多種可能性的觀點，與他注重偶然性、反對必然命定和肯定人的自由有關。伊壁鳩魯認為對神的真正虔敬必須把神同天象等自然現象分開，並認為會使善良人畏懼的所謂神是根本沒有的，因為這是同神的本性不符的。這樣他就提出了一種新的同人的幸福相一致的「神」的觀念。這兩點同伊壁鳩魯的倫理學，特別是同他對於人的自由意志的肯定，有非常直接的聯繫。

一、論天象
——根據經驗事實的提示來解釋，把天象同神意分別清楚；容許多種解釋，反對只講必然性或只承認一種解釋

在伊壁鳩魯留下的三封闡述其學說的書信中，有一封是專論天象問題的，這就是《致畢陀克勒的信》。為什麼他對這些問題如此重視？

當時正是希臘化開始的時期,亞歷山大東征所產生的大帝國,使東方的各種宗教和星象學等迷信大量傳到希臘;爭奪亞歷山大帝國的遺產帶來的分裂和戰爭災禍連續不斷,人們生活空前動盪,對命運惶惶不安,占卜迷信也就更加興盛和流行。天體的運行、地震和氣象等自然現象,對於當時的科學來說還難於解釋,於是就同人禍相聯,被說成是神對人世降其意旨的表現。這種解釋被野心家和江湖術士利用,作為欺騙和恐嚇人民的工具,使人民在現實的災難上又添加了精神上的恐懼。伊壁鳩魯以謀求人生安寧幸福感為宗旨,就必須對這個天象問題加以澄清,以便批駁迷信宣傳。

伊壁鳩魯認為,我們對於天象的知識,雖然不能做到像對於自然哲學基本原理和人的生活的知識那樣清楚,但是它也是一種關於自然的知識。區別只在於,後者只容許有一種解釋,而天上的諸現象:

> 在各種情況下都容許對發生的事件有多種原因和多種說明,只要它們不與感覺相矛盾,不與它們的本性相矛盾。

這裡,他認為(1)不與感覺的經驗相矛盾,和(2)不與事實的本性相矛盾,乃是他的所謂科學態度和方法,即按認識準則辦事,這是普遍適用的。只是(3)在運用到天象的時候,這些原則恰恰必須表現為多種解釋的並存。不像在研究自然哲學基本原理和人類生活時只容許一種解釋那樣。他進一步說:

> 在自然的研究裡,我們決不可順從空洞的假設,任意設定的所謂法則,而必須遵循事實的提示。

如果我們用與事實相符的多種原因的方式來解釋一切，我們就恰當地理解了可以說得通的理由。但是如果我們在這些原因中挑挑揀揀，扔掉某些同樣能與現象相一致的原因，那麼顯然也就背離了自然的研究而陷入了神秘之中。我們能夠經驗到的某些現象可以提供證據，使我們可以解釋天上的事情。我們知道前者是如何實在地發生的，但不知道天上諸現象是如何發生的，因為他們可能是由於許多原因造成。但無論如何，我們必須觀察每一個呈現出來的事實，進而把一事實同與之相隨的一切事實分別開來，該事實的發生是多種原因造成的這一點，同我們經驗中的各種事實並不矛盾。❶

　　他認為，我們只能根據經驗來解釋現象，但是天上的現象及其發生過程離我們太遠，人只能通過周圍能經驗到的事物來類比地解釋它們；更重要的是，它們的原因不是單一的而常常多種並存，所以從事實和經驗來考察，認為它們由多種原因造成，給予多種解釋，才是恰當的，而只肯定某一種說法和排斥其他，在這裡是非常錯誤的：不科學而且會陷於神秘和迷信。

　　伊壁鳩魯在信中廣泛討論了宇宙中各個世界可能的形態，日月星辰的產生、運行、軌道和日月的盈虧、何以有光、何以有日蝕月蝕、風雨雷電、雹雪霧虹以及地震等等各種問題。他對這些現象的解釋都從經驗出發來類比猜測，離科學解釋甚遠。例如他說「太陽和其他星星的大小，對我們來說正像它們顯現的那麼大，但是它們本身實際上可能略大一點或者略小一點，也可能正好像看上去的那

---

❶　D. L. 10. 86. 中譯文，參見北京大學出版社1988年出版的《西方自然哲學原著選輯》第一冊，頁241。

麼大。因為它們是有火的，而我們對於火有經驗，我們從一定距離上看它們是憑感官來觀察的，我們看到的火也是如此。」而稍後的希臘天文學家阿里斯塔克（Aristarchus, 西元前310～前230年）在《論日月的大小和距離》中已經運用幾何學等知識得出了太陽遠比地球和月亮直徑大（太陽比月球的直徑比大於18，但小於20；太陽與地球的直徑之比大於19比3，小於43比6）等結論❷，雖然還不精確，比伊壁鳩魯式的憑單純經驗的說法要正確得多。伊壁鳩魯完全不重視必要的科學抽象和幾何學與數學的方法，離真正的科學方法甚遠。所以我們不必對他的關於天象的說法一一加以討論，應該注意的是伊壁鳩魯在觀察天象問題時的兩點重要看法：

1. 要把天象當作自然界中可以從事實和經驗來考察的對象，同所謂神意分別清楚

其實，正如馬克思所評論的那樣，「伊壁鳩魯對於個別物理現象的解釋表現著一種非常冷淡的態度」，「這裡並沒有探討對象的真實根據的興趣。事情只在於使那作出解釋的主體得到安慰」❸。伊壁鳩魯自己正是這樣說的，他在《致畢陀克勒的信》中反覆強調，只要按照他的解釋就能說得通，而「無需求助於神話奇跡」，避免「往神身上壓沈重的工作」，「這樣你就遠遠擺脫了神話虛構」（其出處同❶《西方自然哲學原著選輯》第一冊，頁249、250。）；而「天空裡的諸現象的知識，同其他的知識一樣，……除了心靈的平靜和確信外就沒有什麼別的目的」。在《致希羅多德的信》中談到天象問題時，說得更明白：

---

❷　《西方自然哲學原著選輯》第一冊，頁266–279。

❸　馬克思《博士論文》中譯本，頁14，人民出版社，1962年。

不能認為天體的運動和旋轉、日月蝕、升起、降落以及與這
些相類的現象，是由于某種實體（指神——引者注）使然，
這個實體管制、規定或者曾經規定過它們，同時又享受著完
全的福祉與不朽，因為困難、憂慮、憤怒是和恩惠和幸福的
生活不調和的，這些事情發生在有懦弱、恐懼以及依賴鄰人
的地方。我們也不要相信天體會有幸福……它們不過是聚成
一團一團的火。❹

人們心理的主要不安的發生，乃是由於他們認為這些天體是
幸福的與不朽的，可是又具有與這些屬性不相合的意志、行
為和動機；……心靈的平靜則是從以上所說的一切中解救出
來。❺

人們總是把天體運行等現象歸之於神意，它賜福於人，又降禍於人，
以致人對這些現象總是心懷畏懼。伊壁鳩魯討論天象的一個主要目
的，就在於把它同神分開，作純粹自然性質的解釋，這樣，「由於學
習了天象以及其他一切經常發生的事件的真正原因，我們就會擺脫
一切使其餘的人發生極端恐懼的東西。」❻

2.顯示出伊壁鳩魯對偶然性和自由的重視，反對只講必然性

馬克思還指出，在天象等問題上伊壁鳩魯特別強調多種可能的
解釋，是為了強調自然現象中的偶然性，以便反對決定論——宿命

---

❹　D. L. 10. 76b–77。
❺　同上，10. 81。
❻　同上，10. 82a。

論和論證人的自由。「德謨克利特注重必然性，伊壁鳩魯注重偶然性」。 這種差別表現在兩人對於個別自然現象的解釋方式上，德謨克利特致力於找出各個現象的真實可能性，作出科學的說明，認為發現一個新的因果聯繫比他獲得波斯國的王位還更讓他喜歡；而「這裡伊壁鳩魯又與德謨克利特正相反對。偶然性只是一種具有可能性價值的現實性，而抽象的可能性則正是真實的可能性的反面。真實的可能性是被限制在嚴格的限度裡，就像理智那樣；抽象的可能性是沒有限度的，就像想像那樣。真實的可能性力求證明它的對象的必然性和現實性；而抽象的可能性所感興趣的不是被說明的對象，而是能說明的主體。它只要求它的對象是可能的，是可以設想的。」❼伊壁鳩魯滿足於用多種原因來解釋一個現象，也就是用抽象的可能性來解釋，為的是看待現象的主體——人的內心獲得安寧。他對自然科學並沒有多少真正的興趣。

這裡觸及伊壁鳩魯自然哲學、歷史哲學和倫理學的一個相當關鍵的所在。他對天象的解釋方式不過是這方面觀點的一個突出表現而已。在《致美諾寇的信》接近結束時，伊壁鳩魯描繪了他所理想的最好最幸福的人的形象——實際上是他的自畫像——時寫道：

> 你還能想像得出比這樣一個人更好的人嗎？——他對於神有虔誠的看法，對於死亡完全沒有恐懼，他正確地思考了自然所確定的（人的）目的和領會到善（即幸福——引者注）的限度是容易達到的，而惡（即痛苦——引者注）只是暫時和容易忍受的。他嘲笑和不信有些人拿來當作萬物最高主宰的那個命運，而認為情況毋寧是這樣：有些事情的發生是必然的，

❼ 馬克思《博士論文》中譯本，頁13–14。

另一些則由於偶然，還有一些則是由於我們自己的作為。因為他看到必然取消了責任，機遇或幸運不常有，而我們自己的行動是自由的，這種自由是我們承受褒貶的依據。就是聽從那些關於神靈的神話，也比做自然哲學家們所主張的命運的奴隸要好得多。因為神話還給人一點希望，可以由於敬拜神靈得到恩惠，而命運的必然性則無法逃避。❽

塞內卡（Seneca，西元1～65年，羅馬斯多亞派哲學家）記錄了伊壁鳩魯的一段極有特色的話說：

> 在必然性中生活是一件不幸的事，但在必然性中生活並不是一個必然。走向自由的道路到處都是開放著的，這些道路是很多的，是很短的，容易走的。因此謝天謝地，在生活裡沒有人可以被束縛著。而對必然性加以制約倒是許可的。……伊壁鳩魯說。❾

沒有偶然性的世界，也就沒有自由存在的任何餘地。為了否定一切屬於必然性統治的這個結論，為了給人以自由的空間，伊壁鳩魯必須限制必然性，肯定偶然性的存在——這就是他為什麼在談論天象問題時堅持多種可能性或抽象可能性的深層原因。

因此，我們既不必否認他的天象說的不科學性質，也應理解他那種為人的自由而努力的意識。在西方的歷史、文化和哲學中，自

---

❽　D. L. 10. 133–134。

❾　塞內卡《書信集》12. 24，轉引自馬克思《博士論文》附錄，中譯本，頁60。

由和必然的問題一直是一個最高的問題。對於伊壁鳩魯，我們必須放到這個高度才能給予恰當的評價。

二、伊壁鳩魯的神學：
神是一個快樂幸福的存在；不用害怕神，神是幸福的人的典範

伊壁鳩魯是無神論者嗎？

從古代以來人們一直流行著一個看法：伊壁鳩魯是一位無神論者。只不過許多人是從基督教的立場攻擊他，而無神論者則把他當作自己的一位偉大的同道和先驅來大加贊揚。但是考察原著，伊壁鳩魯是肯定有神和主張對神虔敬的，只不過他所說的神同基督教的以及其他宗教的神都不一樣。

伊壁鳩魯在《致美諾寇的信》起頭就把對神的虔敬作為人能夠獲得幸福生活的第一個根本原則。他寫道：

> 要相信神是一個不朽和幸福的實體，一如世人關於神的共同意見所說的那樣；不要把任何與不朽和幸福不一致的東西附加給神，而應相信神能保持其幸福和不朽的一切。神靈是確實存在著的，因為我們關於神的知識是顯明的。不過神靈並非如眾人所認為的那樣，這些人沒有在信仰中保持住對神的本性的認識。擯斥對神靈的流行見解的人，不是不敬神的人；相反，那些把流行見解加到神靈身上的人，才是不敬神的人。因為這些見解不是來自先前儲存的觀念而是些虛假的迷信。按照這些觀念，染上惡的人就受到神靈所降的大禍，而對「好

人」就降下大福：因為他們總是把神靈同他們自己的德性混為一談，願意接受同他們相像的，拒絕與此不同的神靈。❿

　　顯然，伊壁鳩魯是肯定神的存在的，而且主張對神虔誠，認為這是人能夠得到快樂幸福的基本原則。問題在於人們對神靈的本性應當怎樣看。他認為人對神靈的看法本來是正確的——即認為是一種不朽的幸福的存在。可是在許多人中沒有保持住這一正確的看法，而是用自己的想法強加於神，讓他干預世界和人的生活禍福。伊壁鳩魯認為這種流行的看法，才是對神的歪曲和不敬。真正的虔敬必須批判這種看法，代之以他認為是正確的神的觀念。

　　當代的學者如A. A. Long在其《希臘化時期哲學》和George A. Panichas 在其《伊壁鳩魯》中❶，已不再糾纏和停留在他是不是一個無神論者的問題上，而注重闡明他的神學思想本身。我以為這樣做是比較恰當的：因為主張有神就不好稱作無神論；但是他的神絕不干預人的生活和自然界，同許多宗教和柏拉圖、亞里士多德所主張的神非常不同，這種觀點確實又很有利於無神論反對宗教的鬥爭。他的這個觀點相當獨特，不好用通常的標籤來定性，所以我們不如拋開這類標籤，而採取尊重他本人觀點的態度來研究。

　　在上面所引的他的那段話裡，已經以簡略的語句提出了他的神學思想的要點，我們現在參照其他資料予以展開說明。

---

❿　D. L. 10. 123–124。

❶　A. A. Long, *Hellenistic Philosophy*, pp. 41–49, Duckworth, London, 1986.

　　G. A. Panichas, *Epicurus*, Ch. 4（"Theology"）, Twayne Publishers, New York, 1967.

1.神的觀念之由來和對神存在的認識論論證

西塞羅在《論神的本性》中引用伊壁鳩魯派維萊烏斯(Velleius)的話說：那些思考過流行的神學學說是多麼沒有根據和鹵莽的人應當尊敬伊壁鳩魯，「因為唯有他認識到神的存在是由於其本性在所有人的心中紮下了關於神的觀念的根。有哪個民族或種族沒有某些關於神靈的先前儲存觀念？那是無需教導就有的。伊壁鳩魯用了prolepsis這個詞」，它是指我們心中已有的對一個事物的觀念或概念，沒有它就無法理解、研究和討論問題，是認識的準則。「由於對神的信念不是靠人為的商討、習俗或法律建立，並且仍然是大家都無異議地贊同的，所以我們必須認為有神，是它使我們根深蒂固地或生來就有關於神的知識。所有人天然同意的必是真的，因此必須承認有神。」⓬ 這就是說，伊壁鳩魯是用人們普遍信神的觀念來肯定神的存在的。上述說法似乎給人以一個天賦觀念的印象，但並非如此，因為伊壁鳩魯的prolepsis還是依據感覺經驗的。

盧克萊修說：

> 你永遠不能以為神靈的住地能夠存在於我們這個世界的任何地區，事實上神靈的本性是這樣地精細，遠非我們這些感官所能知覺，以致幾乎不能為心靈的智力所看見。並且，既然他們總躲開我們的手的接觸和打擊，他們便也不能接觸到任何可被我們接觸到的東西。⓭

⓬ Cieero, *On the nature of the gods* I. 43, 轉引自 A. A. Long & D. N. Sedley, *The Hellehistic Philosophers*（以下簡稱HP）, p. 141。

⓭ 《物性論》，頁270。

　　既然神不住在我們這個世界上，我們手摸不到、眼看不見，心的直觀也難於見到，我們如何能夠獲得關於他們的儲存觀念？對於這個問題，伊壁鳩魯派用了很費力的辦法勉強作了回答。維萊烏斯說：

> 我們把握神靈的形象是靠他們（同人的）相似性和一種轉換過程 (by their similarity and by a process of transition)，因為有一種非常相似的影像不停地從無數原子而來並流向神靈，我們的心靈以最大的快樂感集中注意力於這些影像，就獲得了關於一個幸福和永存的存在的認識。❹

　　塞克斯都・恩披里柯告訴我們，「他們（伊壁鳩魯派）對神靈存在觀念的由來的回答是，它來自夢中的顯現 (they reply that the idea of god's existance originated from appearances in dreams)」，而「神靈永恆不朽和完美幸福的觀念，則來自人們的一種轉換過程」。他認為這是一種循環論證：伊壁鳩魯派把快樂視為一種神性，我們要抓住人的快樂必須先有神的觀念，但是為了有神的觀念我們必須先有一個快樂的人的觀念。這兩個觀念由於各自以對方作為前提，因而都不能成立❺。

　　塞克斯都・恩披里柯作為徹底的懷疑論者和徹底的經驗論者，決不承認神的可知性或神的存在的可論證性。他批評了伊壁鳩魯派對神的存在和神的觀念的論證，揭露了論證的錯誤。應當說，伊壁鳩魯派的論證確實是失敗的，也不能不失敗。因為一種所謂在

---

❹　*HP*, p. 142。

❺　Sextus Empiricus, *Against the professors*, 9. 43–47, 轉引|*HP*, p. 143。

宇宙中存在，卻不在我們這個世界中，既不能作用於我們，也是我們不能影響於它甚至無法接觸到它的東西，人憑什麼可以感知和思想其存在的呢？所謂通過「轉換」來認識的說法，還是從人自己去設想的一個觀念，是擬人化，把人的主觀產物當作客觀的存在。

其實，一切想從認識論上論證神的存在的意圖沒有不失敗的，後來基督教的歷代神學家作迄無數這樣的努力來證明上帝的存在，也沒有一個能夠成功。康德已經一勞永逸地證明了這類論證決不可能成功。所以我們也不必對伊壁鳩魯派的這一方面過於指責。倒是所謂「轉換」說裡包含著某些真理——人的確是從自己來設想神、獲得關於神的觀念的。伊壁鳩魯的神是他的哲學及人生觀的神，而他所攻擊的流行的神靈觀念乃是那個時代、社會和人的生活狀況和思想心理的表現。人的生活處境常常需要神，神的觀念有其真實根據，但在認識論中是找不到的，只能在人的社會生活之中去認識它的根源。

所以我們在討論神的觀念時，確實應當把中心轉到人的社會生活領域和與此相關的人生觀方面來。

2. 一個快樂自足、與世無爭、不干預我們生活和這個世界的神 ——伊壁鳩魯式的幸福者的典範，或神化

我們已經讀過《致美諾寇的信》開頭時的那段要人敬神的話，在信的結尾總結處，伊壁鳩魯是這樣寫的：

> 你要日夜奉行這些誡命以及與此有密切關係的誡命，你要自己去做，並且和與你心思相近的人一道去做。這樣，你就永遠不會被妄念所擾，無論在醒著還是在睡夢中都一樣。你就

會在眾人中像一尊神似地活著。⓰

　　伊壁鳩魯的神就是做一個幸福的人的榜樣。人除了會死以外，只要按照伊壁鳩魯的教導去生活，就能和神一樣快樂。這種人生在他看來就具有了神性，有著同樣的尊嚴。

　　這就是伊壁鳩魯為什麼肯定神、虔敬神的理由。這種神乃是伊壁鳩魯人生哲學旅途所定的目標，按照他的榜樣生活，人就能擺脫苦惱而得救。

　　這種神異於別的神的根本特點，是它只求自己安寧幸福：

　　　神並不濫施恩惠，他無牽無掛，對我們毫不關心，他甚至不
　　理睬這世界，他對善行和惡行都無動於衷。他做點什麼事情，
　　或者什麼事情也不做（伊壁鳩魯覺得這是最大的幸福）。⓱

我們甚至可以稱之為一種自私自利的神，個人主義的神；但是它絕不傷害別人別的存在，而是同一切都和平相處，友好相處，或者根本不往來而至少是沒有任何糾紛。在伊壁鳩魯看來，這就是真正的快樂了。和斯多亞派主張哲人應當關心國家大事相反，伊壁鳩魯的哲人不關心這類事情，只關心他自己和他的朋友的個人幸福。所以兩者的神的觀念也是相反的。前者的神要管社會和每個人的命運，就要懲罰神以為是惡的，降福給他以為善的；後者認為神不管這些事，人也無需靠神來管，因為根本的善就在人有自由，個人只要能

⓰　D. L. 10. 135b.

⓱　塞內卡全集第一卷《論善行》4. 4，轉引自《馬克思、恩格斯全集》
　　卷40，頁155。

夠按伊壁鳩魯的教導生活就能求得自己的幸福，和與他人友好相處（這是仿效神而不是求神的干預），至於人間糾紛和痛苦，要靠社會契約等等解決，經歷過這類痛苦經驗的人們將學會遵照契約來和平共處。

晚期斯多亞派哲學家塞內卡當然不會同意伊壁鳩魯的神觀，但是也肯定其中有價值，他說：

> 你——伊壁鳩魯解除神的武裝：你繳去了他的一切武器，使他喪失一切威力；而為了使誰都不應該懼怕他，你把他逐出世界之外。這個被隔絕在某堵不可逾越的高牆之外的神，與凡人斷絕來往，甚至凡人連看也看不到，沒有理由懼怕他：他既無法賞賜人，也無法傷害人。神孤零零地在我們的天空與別的天空之間那個沒有生物、沒有人、沒有一切的空間之中，他力求躲避那些從他上面和在他周圍崩潰的世界的廢墟，對我們的哀求充耳不聞，對我們毫不關心。而你卻想使我覺得你彷彿像尊敬父親一樣尊敬這個神，甚至帶有感激之情；而如果因為他沒有給予你任何恩賜，而構成你的是這些偶然地和意外地集聚起來的你的原子和粒子，所以你不願意表示感謝，——那麼，你為什麼要尊敬（他）呢？你說，是由於偉大、由於（他的）唯一獨特的本性。我同意你這個說法；當然，你這樣做時未抱任何希望，不指望得到任何報償。因而，有一種本身就是值得人們追求的東西，本身所具有的美質吸引著你，這就是美德。⑱

---

⑱　同上，《論善行》4.19，轉引出處同上，頁153–154。

　　他不同意神對人世無涉。但是也肯定伊壁鳩魯敬神是有理由的，那不是為了報償，而是為了追求像神一樣的美的品質。實際上，在許多人的心目中和流行的宗教中對神靈虔敬，往往都是別有意圖的，總以為獻上一份供品和祈禱，就能賄賂神靈並索回報償，使自己得福而降禍給自己的仇人。這正是耶穌形容一些法利賽人常用的詞：「假冒為善」。那才是真正的自私自利，而且是污穢害人的神學觀念。如果我們假定人總得從自己利益來對待神，那麼，效法自足而不危害別人的神，總比對神像一個吃小虧占大便宜的買賣人那樣，總想把自己的私利化為可供自己驅使的神力，要潔淨得多。伊壁鳩魯的神學觀念，實在是希臘人和希臘化時代神學觀念前進和淨化的一個成果和標誌。盧克萊修寫道：

> 除非你從你的心靈中把這些觀念驅出，
> 拋掉那些不配用於神靈、
> 與他的安寧相背離的信仰，
> 那麼，神靈的神聖威力，既然受到污損，
> 就將常常為害於你，——並非因為
> 神靈的至尊本質能夠被你所侮辱，
> 以致他們震怒萬分而尋求嚴厲的報復；
> 而是因為你自己將會折磨自己，
> 想像著那些生活在和平與寧靜中的存在
> 掀起懲罰的巨浪來對付你。
> 你也不能帶著一種寧靜的心懷踏進神廟，
> 不能心平氣和地接受從神靈的聖體發出
> 而被帶到人們心靈中的

啟示著神靈形象的那些肖像。❿

只有對神有正確潔淨的態度和觀點，才會有更高的神學和宗教。如果目的只是個人幸福，那麼伊壁鳩魯的神學是有道理的。基督教的神學無疑比它要高級得多，那是因為基督的神是無私的愛，是要在精神上使普世的人都得救。但同時這也是一個更艱巨的神學任務：在清洗人的心靈方面更要嚴格得不可相比，由於它不能不採取神創世和以大能懲惡揚善的形式來實施拯救的學說；而這樣一來，人的自私污穢也就難於避免以假冒為善的各種形態鑽進來加以利用。在這種情況下要使人的心靈潔淨和達到神聖的愛，連耶穌的最親近的門徒都難以做到（見雅各和約翰爭地位和彼得三次不認主的故事），就更不必說後來中世紀羅馬天主教會裡發生過的種種卑劣的事情了。所以在基督教裡把人同他的罪惡作鬥爭，認作是永恆的、最深刻的和內心隱秘的鬥爭。

後來基督教同伊壁鳩魯派有水火不容的鬥爭。但是人們如果從對神的淨化的途程看問題，就會承認，不僅伊壁鳩魯神學本身有一定的價值，而且也會承認，在基督教神學的深處，也包含著它的某些有價值的因素，當然是在轉化了的形態之中。至於伊壁鳩魯的神學本身，如果作為一種現實生活中善良個人的信念，也不是沒有價值的。

---

❿　盧克萊修《物性論》卷6，頁68–79，參照*HP*，p. 141，英譯文譯出。

第八章　伊壁鳩魯倫理學：
快樂同自由和友愛的關係

　　伊壁鳩魯的全部思想、實踐和哲學學說最後都是為了他的倫理學服務的，都要落實到他的生活理想上來。本書在開始研究他的思想時就談到了他的這個宗旨，包括四條要目和以知足的生活、寧靜的心境為快樂的人生觀等等，並在討論其學說各方面時隨時都涉及這個宗旨和要點。伊壁鳩魯講倫理學最集中的是他的《致美諾寇的信》，其中比較重要的論點我們幾乎都已經談到。所以，在最後這一章專門研討其倫理學時，我們只想著重分析它的兩個方面問題：其一，他所說的快樂和他主張的自由的關係。我認為伊壁鳩魯的快樂主義，其本質仍在實現個人自由，特別是個人的意志自由。自由是他的快樂主義的真正核心。當然這種自由也不是抽象的，是同他主張的個人的利益與快樂不可分的。其二，伊壁鳩魯的友誼觀是他的倫理學的最高點。我們需要認真分析它的基礎，指出它的問題，也弄清它的有價值的方面。認真研究這兩方面，我以為可以對他的倫理學有更深一層的認識。

　　討論這兩點，會涉及比較精深而複雜的哲學和文化問題，弄清楚頗為不易。有些看法是自己的理解，是否恰當謹請指正。

一、伊壁鳩魯「快樂主義」是以肯定個人的「自由意志」為基礎的——再論他同昔勒尼派快樂主義的區別

人們一直以「快樂主義」來稱謂伊壁鳩魯哲學及其倫理學，這在很大程度上說是不錯的。但是我們如果進一步分析他同昔勒尼派的區別就會發現，只說他的學說是快樂主義，將不容易把握它的本質，而且會造成許多誤解和不理解，有如歷史上許多人所認為的那樣。從表面上說，二者的分別只是對享樂的看法不同，昔勒尼派注重物質欲望或肉體快樂，這種追求沒有止境（所謂「動態」的快樂）；伊壁鳩魯則強調精神安寧的幸福（所謂「靜態」的）， 為此物質享受就要加以限制（以自然的和必要的欲望滿足為限）， 似乎只是對享樂所注重的方面有所不同，對物欲的數量和程度有差別，如此而已。但若從深層來看，分歧實在是原則性的：伊壁鳩魯所講的快樂是以個人自由（特別是個人的意志自由）為前提、基礎和目的的；他反對昔勒尼派，是因為他認為那種主張將使人喪失自由和自由意志，作物欲的奴隸，作他人的奴隸。這才是問題的真正所在。

伊壁鳩魯的「快樂主義」不是人們通常理解的追求快樂的學說，更不是「享樂主義」。 這是我們必須把握的第一個要點。塞內卡有一段探討很值得我們留意：

> 伊壁鳩魯這個快樂學說的著名導師有一些日子以簡陋的食物充饑， 目的是要觀察在快樂的盡善盡美和細致入微方面是否會有所減少，減少多少以及這種減少是否值得每一個人為此

而付出沈重的勞動。他至少在寫給哈林執政官波利安的那些信中談到這件事，甚至炫耀他自己用在飲食上的錢不到一阿司❶，而梅特羅多洛還沒有獲得這樣大的成績，他得花上整整一阿司。你想想看這樣的飲食可以吃飽嗎？可以，甚至還能得到快樂，——不是那種微小的、轉瞬即逝的快樂，亦即經常需要重新開始的快樂，而是持久的真實的快樂。誠然，水和大麥粒或一塊大麥麵包不是什麼愜意的東西，但是最大的快樂在於：你甚至從這樣的東西中也能得到快樂；在於意識到你已使自己進入一個任何厄運都不能加以剝奪的境界。❷

　　這是怎樣的一種快樂境界？顯然完全不是「享樂主義」，甚至也不是一般人在物質生活能夠不斷提高時心理上感到的滿足和快樂。因為伊壁鳩魯有意與之對立，他甚至有意試驗「以簡陋的食物充饑」，才肯定了他那種「持久的真實的快樂」真的能夠「不可剝奪」和有保證。

　　讓我們分析一下他的實驗。長時間用「水、大麥粒或一塊大麥麵包」這些不那麼好吃的東西過活，是為了對他的生活倫理學說作出證明。他想證明什麼？第一，這樣做究竟能否得到快樂。結果他以自己的經驗證明，這些事物不僅能讓我們吃飽，帶來了快樂，而且這是一種「持久的真實的快樂」。顯然這種「快樂」不是昔勒尼派的「快樂」，而是一種「靜態」的以理性為指導的使心靈平靜安寧的

---

❶　阿司是古羅馬的銅幣，也是重量單位，等於12盎司。

❷　塞內卡《書信集》第18封信，轉引自《馬克思、恩格斯全集》卷40，頁151，人民出版社，1982年。

情感，他認為是「持久的真實的」快樂。關於這種「快樂」，我們在前面章節已經多次談過，不必多說。它已經同昔勒尼派劃清了界限。

但這個實驗要證明的不僅是這一點，他認為還證明了另一個更深刻的東西。即第二，還證實了一種「最大的快樂」。這種快樂的意思是：如果一個人能夠在這種素樸到十分艱苦的生活條件下也感到快樂，他就能由此發現，他有能力「使自己進入一個任何厄運都不能加以剝奪的境界」。這個境界是什麼？不是別的，只能是指一種自由的境界。他擺脫了對環境和物質條件的依賴，掌握住了他自己的命運，能夠自己作主，贏得了自由，所以進入了命運無法剝奪其快樂的境界。換言之，這種「最大的快樂」不是別的，只是「自由」，特別是個人的心靈自由。

因此，我認為他所說的快樂，最根本的涵義就在贏得自由，個人在生活上的自由和心靈上的自由。——所謂持久的、真實的安全和心靈安寧的快樂幸福，無非是指個人享有的一種自由而不受支配和奴役的實際生活和精神生活的狀態。

昔勒尼派的快樂主義或享樂主義，在他看來，恰恰是使人受環境和貪欲內外奴役的生活狀態，沒有自由，所以在他看來，也就決不是真正的快樂。

這個觀點，用到其他方面也同樣完全合適。如：

伊壁鳩魯說神不必畏，死不可懼，這些快樂指的也是人的自由感覺——擺脫了對神靈和死亡的苦惱及束縛，就贏得了心靈自由的生活。他說人不必怕死，並不是認為人活著同死差不多，無所謂；實際上還是為了使人活著感到自由——這就是快樂。「伊壁鳩魯對那些渴望死的人所作的譴責，並不亞於對那些怕死的人所作的譴責，他說：『當你由於你的生活方式弄到非去尋死不可的地步時，這種因

為厭惡生活而去尋死乃是可笑的。』他在另一個地方還說：『由於害怕死亡你的生活變得惶惶不安之後，有什麼東西能像去尋死一樣可笑呢?』」❸

　　當著外力迫使我們不得不死的時候，「死不可懼」在這裡也是為了保證我們的自由、至少是心靈的自由（＝快樂）能夠得到實現。「伊壁鳩魯說：『倘若在法拉里斯牛❹裡煎熬哲人，他一定會大聲說：多麼舒服啊！與我毫不相干。』……因為伊壁鳩魯說，忍受痛苦是愉快的。」❺請回顧本書前面提到的一個故事，當皮羅的那個老師在被人放在大臼裡，面臨被搗成肉醬的恐怖之前所說的話，是何等相似。

　　還有，為什麼「忍受痛苦是愉快」呢？痛苦和快樂正好相反，何以能一致？唯一的解答只能是：我已把一般的苦樂以至生死都置之度外，這樣我就保持了我的自由；縱然我失去了人身的自由，還是保持住了我的心靈的自由——自由的根本，或心靈的自我，人格的自由。因此我仍然可以大聲地說：你殺害的只是我的身體，你只能使我的肉體痛苦，但是你殺害不了我的人格、我的自由意志和心靈；我的心靈依然寧靜——這就是我的快樂幸福。以忍受肉體痛苦贏得了心靈的自由，這就是伊壁鳩魯教導人們在生死關頭應遵循的原則。它固然是在動盪的希臘化時代裡為哲人提供的人生哲學，也具有普遍意義，適用於所有人普通的日常生活態度。他本人在忍受疾病的劇烈痛苦中臨終時仍然覺得幸福，而且享受到友愛的快樂，

---

❸　同上第24封信，轉引處同上，頁150。
❹　西元前六世紀中葉，西西里島的阿格里真托的暴君曾製一鐵牛，將死刑犯置於牛腹中，然後用火將鐵牛燒紅，使罪犯慘叫而死。
❺　塞內卡《書信集》第66、67封信，轉引自《馬克思、恩格斯全集》卷40，頁149。

即是一個著名的例證。

對於人的自由意志的普遍承認，是伊壁鳩魯比以往希臘人進步的地方。以前希臘人只承認希臘公民的自由，不承認所謂「野蠻人」有自由（如亞里士多德在其《政治學》中所說），也不承認婦女有獨立人格和自由。在希臘化時代的新環境下，伊壁鳩魯最先拋棄了以前的偏見，在他的花園裡男女平等，對身為奴隸的人也加以尊重，在遺囑中恢復了他們的自由。他的友愛遍及這些人，所以花園成為友愛的樂土。這是他的快樂觀的體現。

所以，我們可以肯定，他的快樂主義是以自由為根據的，這種自由的核心乃是個人的自由意志。如果用最簡單的詞來表述他的倫理學關注所在，恐怕與其說是「享樂」，還不如說是「自由」要更確切。伊壁鳩魯本人有這樣的話：

> 一個獻身哲學的人，不須長久等待，他立即就會變得自由。
> 因為哲學服務本身就是自由。❻

從這裡我們就可以明白，為什麼他在原子論中必定要提出偏斜說。原子偏斜運動在自然哲學基本原理上解決了原子何以能彼此碰撞結合的問題，但最主要的還是為生命的自由意志提供了說明的源泉。盧克萊修熱情地寫道：

> 如果一切的運動，永遠……
> 按一定不變的秩序產生出來，
> 而始基也並不以它們的偏離

---

❻　同上第8封信，轉引處同上，頁153。

產生出某種運動的新的開端

來割斷命運的約束，

以便使原因不致永遠跟著原因而來，——

如果是這樣，那麼大地上的生物

將從何處得到這自由的意志，

如何能從命運手中把它奪取過來，——

我們正是藉著這個自由的意志

向欲望所招引的地方邁進，

同樣地我們正是藉著這個意志

在運動中略為偏離，

不是在一定的時刻和一定的空間，

而是在心靈自己所催促的地方。

因為無疑地在這些方面

乃是每個人的意志給予發端，

從那裡開始，透過我們所有的四肢，

新開始的運動就流遍全身。

……

有時確實是由於意志的裁決，

全部物質就被迫改變它的路線，

……

你難道還看不見雖然外力驅使人向前，

並且常常叫他們違反自己的願望

向前運動，被迫一直向前衝，

但是我們胸中仍然有著某種東西，

足以和它鬥爭並抗拒這種外力？

可見同樣地在種子中間，

除所有的撞擊和重量之外，

你必須承認還有運動的另一種原因，

作為我們自由行動的天賦力量的根源——

既然我們看到無物能從無中生。

……

人的心靈本身在它的一切作為裡面

並不是有一種內在的一定必然性，

也不是像一個被征服的東西一樣

只是被迫來忍受來負擔，

這情況的發生乃是由於始基的微小偏離。❼

二、 對伊壁鳩魯追求的自由要作具體分析 ——兼論伊壁鳩魯倫理學同斯多亞派 的對立

　　但是如果我們在強調他的倫理學以及整個學說的核心是自由，他所說的快樂的實質是自由時，不作具體分析，沒有注意他的自由反過來也和他所說的快樂不可分割，那我們對他的自由觀同樣也不能正確把握，而且會陷於片面性。應當注意，伊壁鳩魯所主張的自由，其一，在以個人心靈自由為最高點時，這種心靈自由是與心靈所感受到快樂寧靜為內容的；並且，其二，還要盡可能地使心靈的自由快樂和個人在物質生活、社會生活中的快樂一致，把理性指導

---

❼　盧克萊修《物性論》，頁76–79。

的心靈自由貫徹到具體的感性生活中去，實現個人整個生活中的快樂和自由。

伊壁鳩魯的自由觀，是一個希臘人在適應希臘化歷史條件時的產物。另外，我們應當特別注意它同斯多亞派的倫理學和自由觀的對立。研究這個對立，對於我們認識希臘化羅馬世界中自由觀的發展和弄清伊壁鳩魯自由觀的特點，是相當必要和有幫助的。

分析起來，伊壁鳩魯所講的自由，有如下特點：

1.它只是個人的自由

這一點是明白的。對於已經失去城邦獨立自主權的希臘人來說，已經沒有城邦自由可言，也就不關心政治了。他們這時更加珍視的就是他們曾經得到過的個人自由。伊壁鳩魯所說的自由體現出這一特色。他認為哲人「不要參與政治」，對於希臘化帝國的政治抱無所謂的態度，只要它能維護一定的社會安定就行。他對社會安定的標準是人與人互不侵犯的契約，這究竟能實現到什麼程度，則要看條件和人們在爭奪中所受的教訓而定，可望而不可及，不是希臘人或一切個人可以作主的，對此他只能抱消極觀望的態度。

與此相反，斯多亞派主張關心國家社會大事，發展了一種整體的世界觀。他們也要為希臘化羅馬世界中的每個人如何解除苦惱提出人生哲學指導。但是辦法和伊壁鳩魯正好對立，在後者以個人的自由快樂為本位的地方，斯多亞派主張整個世界是有必然性的，因為它就是神和神的安排（「邏各斯」）。因此每個人的命運是必然命定的，是神意的最適當的安排；因此人要相信神、相信神給世界和每個人安排，要認識到神和神安排給自己的命運必是好的和合理的，這樣他在任何情況下,甚至在最嚴酷的厄運中都能心安理得地順從,

以此獲得內心的寧靜。他們認為唯有神，既整體世界中的「邏各斯」、必然性、命運，才是真正的自由；個人的命運既然是神安排好的，所以每個人要把自覺服從這種安排當作自己的自由。

很清楚，這是兩種不同的世界觀和自由觀，並且針鋒相對。伊壁鳩魯派的自由觀堅決反對所謂神對世界和人的干預，反對服從必然性而主張「在必然性中生活並不是一個必然」，這當然為斯多亞派所不容。反之，斯多亞派以服從神和邏各斯為自由的觀念，在伊壁鳩魯派看來，正是用必然來取消自由。這兩種自由觀的分別在於，一派以個人為基礎，而另一派則以世界整體為基礎。

2. 它是希臘化世界中個人可能獲得的雖然有極大的限制卻也帶有空前普遍性的個人自由。

這種普遍性表現在希臘人在新條件下已經失去了以往的那種驕傲，和歧視其他民族和種族的觀念，學會了同他們平等相處。伊壁鳩魯派自覺地反映了人類平等的新觀念，所以奧伊諾安達的第歐根尼說，「地球上每個不同民族有不同的出生地，但是在大地上這整個世界對每個人來說乃是一個出生地，世界一家。」[8]這種觀念和斯多亞派的「世界公民」是類似的，不過由此得出的人生哲學卻不同。後者因此強調應當關注人類整體，而伊壁鳩魯派強調仍是個人：既然在這個世界上各個種族平等了，因而一切個人也就平等了，因此應當學會尊重每一個人的自由，和睦共處。伊壁鳩魯本人不歧視身為奴隸的人和異族的人，並能平等對待婦女，尊重他們的人格和自由意志，便表現出這一看法。所以他的學說和學派在希臘化羅馬世

---

[8] 奧伊羅安達的第歐根尼 (*Diogenes of Oenoanda*) 25. 2. 3–11, *HP*, p. 133。

界裡能夠廣泛傳播，為各族人民所接受。

3.它是個人自由和個人快樂的一致

抵制命定的「必然性」以求得心靈的安寧，理智地實現實際經驗生活的快樂，是伊壁鳩魯自由觀的真實內容。

個人自由不是空的，它同個人的生活樂趣有關，首先同心靈的安寧相關，而且應當盡可能地同個人的人身安全和必要的物質生活條件的保證聯繫起來。離開這些來談自由，在伊壁鳩魯派看來就是瞎說。

這一點上他們同斯多亞派對立就更清晰了。因為斯多亞派根本否定快樂的原則，把忍受苦難以服從命運（他們把這說成是神意、宇宙的必然性或邏各斯決定的）當作個人所應遵循的自由。

舉例來說，一個身處囹圄中的人，或一個上了刑架的人，伊壁鳩魯派和斯多亞派都應許只要按照他們的哲學教導來想，就能使自己心靈安寧。這看來是一致的，但是伊壁鳩魯派的理由是，我們有自由反抗這種命運，即使不能改變這種實際的狀況，每個人仍然能夠在心中保持他自己的自由的意志，這是他的真正的自我，他便以此為滿足，仍然保持了自己的快樂和幸福。而斯多亞派則完全相反，他們的理由是，這是神的安排。當我服從了命運對自己的安排，自覺忍受這些牢獄之苦甚至受酷刑去死，並且心靈也為這種順從而感到安寧時，那就是順從了神的意旨，得到了自由。

伊壁鳩魯絕不能贊同忍受命運和「必然性」給人所加予的苦難。他認為這種說教是違背人的本性的。因為追求快樂是生命和每個人的本性：

> 凡有生命的東西，生來就追求快樂並把快樂當作至善來享受；
> 而把痛苦當作極惡加以摒棄，並竭力避開它；在未受壞影響
> 時，它能按照本性自身的不受誘惑的公正的指使做到這一點。
> 因此他（伊壁鳩魯）斷言，沒有必要論證和議論為什麼應該
> 力求得到快樂和避免痛苦……應當由本性本身指明，什麼是
> 與本性一致的，什麼是違反本性的。❾

所以對伊壁鳩魯來說，自由是不可能同快樂分開的。自由就在
於人能夠自由地實現這種本性，去追求人生的快樂。只是在進一步
弄清什麼是真正的快樂時，他才同昔勒尼派分別開來——不應為了
某些物質享受、貪欲而陷於受奴役的地步失去自主和自由，失去根
本的快樂與快樂的根本。伊壁鳩魯所理解的人生自由和快樂是如此
絕不可分，因此，同斯多亞派相反，他認為自由絕非對壓迫和以必
然性的形式表現的命運的順從，而是人能夠反抗和抵制它們。

可見，在伊壁鳩魯派看來，上述兩個與他們對立的派別都否定
了自由。一個孤立地宣揚快樂，一個孤立地講自由，結果既不是真
快樂也不是真自由。只有把自由同快樂聯繫在一起，才有真自由和
真快樂。

心靈的自由不應是抽象的，而應當是能夠貫徹到經驗生活中以
達到個人幸福的指導和意志：

> 伊壁鳩魯實在說得好，命運對哲人的支配有限，最重大的事
> 情由哲人按自己的想法和判斷來解決，在無限的生命期間內

---

❾ 西塞羅《論最高的善和惡》1. 9，轉引自《馬克思、恩格斯全集》卷
40，頁172。

不可能比在我們看來是有限的生命期間內得到更多的快樂。❿

人不必謀求永生，個人的生命是有限的，所以只需保持自己一生的快樂和自由。伊壁鳩魯認為，只要按照他的學說來生活，人人都可以做到這一點。

4.伊壁鳩魯派的「哲人」形象

在希臘化時期的哲學家中，各派都以自己的「哲人 (the wise man)」形象來體現他們的生活和哲學理想。第歐根尼・拉爾修收集了伊壁鳩魯派有關的一些具體描述，對我們考察其倫理學思想是有幫助的。這裡列舉其中若干，如：

> 哲人憑理性擺脫了人們相處時的那些敵意、仇視和紛爭；
> 他在受刑時仍然是快樂的，雖然他在刑架上也會發出痛苦的呼叫；
> 他不處罰奴隸，而是憐憫和寬待他們，釋放有好品質的；
> 他不參與政治，不會當專制君主，也不當一個犬儒或乞丐；
> 即使他失去眼睛也仍然會生活下去；
> 他關心自己的財產和未來，喜愛鄉村生活。他也賺錢（靠自己的智慧），如果窮困，必要時也可以到宮廷去陪伴君王；
> 他也關心自己的名譽，使自己不受人輕視；
> 他準備迎接命運的挑戰而決不拋棄朋友，有時也會為朋友去死，等等。⓫

---

❿　同上，1. 19. 轉引處亦同上，頁173。

伊壁鳩魯派的哲人關心自己的財產、名望，必要時也要應付和適應環境，「可以到宮廷去陪伴君王」來謀生，這些都算不上什麼崇高的精神，我們也沒有看到他們有拋開個人利益去為大眾獻身的理想。這些特徵表明，伊壁鳩魯派的自由和快樂，實際上不過是一個生活在動盪不安的世界中的中小有產者力求保持其與世無爭的個人利益的個人打算。把這種打算提升為哲學上的自由和快樂概念，是伊壁鳩魯作為一個希臘人在這個動盪的世界裡，為個人生活指導所開出的藥方。

三、伊壁鳩魯的友愛：從個人幸福出發
如何能同對他人的友愛一致？

　　無論在中國還是在西方的文化中，仁愛都是倫理道德的根本和核心。如儒家以「仁」為本，而基督教則把上帝或基督等同於「愛」。區別在於，中國人的仁愛總是以家庭家族關係為核心的人倫之愛，朋友之道只在五倫之末；而西方從古希臘起則把友愛(friendship) 視為首要，或概括全部人間之愛的詞，家庭家族中的愛的位置反而其次，或認為可以算是友愛之內之下的一些條目 ⓬。他們的友愛觀念在基督教聖經裡表達得簡捷清楚，就是「愛人如己」，更確切的翻譯應為：「愛你的鄰人如同愛你自己那樣」。這是他們仁愛觀念的最一般概括。伊壁鳩魯的倫理學非常重視這個友愛，正是在這一點上，他接觸到了倫理道德的一個核心問題，所以我以為特別值得留意。

⓫　　D. L. 10. 117–120.

⓬　　楊適：《友誼觀念的中西差異》，北京大學學報，1993年第1期。

我們已經闡明伊壁鳩魯的人生哲學——倫理學是從個人的幸福和自由出發的。在傳統的中國文化看來，個人主義永遠是萬惡之源，如何能與真誠的友愛、對於別人的無私關懷一致？這似乎是不可能的。但是伊壁鳩魯確實認為這二者是可以一致的，因為他明確地說過，在智慧提供給幸福生活的全部內容之中最有意義、最有益處、最愉快的莫過於友誼❸，並且他本人也實踐了這一點。對此應當如何理解？

西塞羅記載了伊壁鳩魯派陀爾夸圖斯(Torquatus)對友誼的一段分析。讓我們看看他是怎麼說的：

> 我注意到在我們學派中對友愛有三種說法。其一，有些人認為屬於朋友的快樂不能算是我們自己所欲求的。某些人認為這種看法會使友愛不穩定，但是我以為它是對的，也易於為自己辯護。他們說友愛和我們先前討論過的德性有別，而同快樂不可分。由於孤獨和沒有朋友的生活充滿著危險和焦慮，理性就指導我們尋求友誼，獲得了友誼能增強心靈的力量，使它有把握期待快樂。此外，正如敵視、憎恨和不和使人不快，所以友愛是既屬於朋友的也屬於我們的快樂的創造者，最可信賴的保護者。他們享有這種快樂不僅是當前的，也給他們以近期和長遠未來以期望。如果沒有友愛，我們就完全不能確保生活中穩定持久的歡樂，而如果我們不能做到愛朋友如同愛我們自己，我們也不能保持友誼本身。因此，友誼包括愛人如己和同快樂的聯結這二者；我們為朋友的快樂而

---

❸　出處同❻，1. 12. 轉引自《馬克斯、恩格斯全集》卷40，頁174。意思與伊壁鳩魯《主要原理》第27條一樣。

感到歡樂，為他們的不幸同樣痛苦，正如我們自己的事一樣。所以哲人對他的朋友有著和對自己相同的感受，他為朋友的快樂工作如同為他自己一樣。……其二，有些伊壁鳩魯派有足夠的機敏，儘管在面對你們（學園派）的批評時有點膽怯，怕你們認為我們追求友誼僅僅是為了自己的快樂而似乎很有缺陷；在他們看來，起初建立的聯繫、結合和相互關係是為了快樂，但是在這種接近發展起來之後，就產生了親密感，情感增長到為了朋友本身而愛他們的地步，即使從友愛中得不到任何好處。……其三，也有些人說哲人有一種約定，要愛他的朋友不亞於愛他自己。我們知道這種可能性，時常也可以觀察到這一點。❹

從第一和第二種說法我們可以看出，伊壁鳩魯派當時已受到其他學派批駁，需要辯解。因為他們友愛觀的出發點確實只是對於個人的安全和快樂的考慮，而他們也必須承認，友愛總是相互的，做到愛人如己，同甘共苦，才能算是真實的友愛，那種只為自己一方得到好處的自私想法，如何能成為友愛的基礎？這是難以自圓其說的。但是伊壁鳩魯派並沒有放棄自己的基本立場，他們只是說，起初確實只是為了個人好處而交友，進一步的發展，就會產生真正的友愛，即也為朋友和愛朋友本身。造成這一點的或者是從客觀效果考慮，若非愛人如己，友誼將不能保持，個人的安全和快樂的考慮就是空的，因此他就要關心愛護朋友本身；或者是從情感的進展加以解釋，起初是為自己，後來相處中親密起來，即使對自己沒好處也能愛朋友本身；或者直接說，（伊壁鳩魯派的）哲人就有如此的友

❹　西塞羅《論目的》Ⅰ, 66–70, *HP*. p. 132。

愛觀念，約定要愛朋友如愛他自己那樣。

我們知道，伊壁鳩魯本人的確實踐了友愛，他們的「哲人」在必要時可以為朋友而死。——可見，他們的友愛觀確實並非真的完全從自私的考慮出發，以私利作基礎。我們似乎應當承認，他們確實願意建立一種不僅個人得到好處也能使朋友得到好處的、乃至生死與共的關係。但是，我們還是要問：友愛的真正基礎究竟是什麼？它能只建立在個人利益的基礎上嗎？

四、略論希臘人友愛觀的基礎和它在希臘化羅馬時代的演變

希臘人的「友愛」及其觀念的真實基礎

如果我們比較一下伊壁鳩魯和亞里士多德的觀點，就可以發現，他們對友愛的基礎有不同的看法。當然，他們兩人都認為人皆需要友愛。當亞里士多德說「友愛……是生活所必需的東西，誰也不願去過那種應有盡有而獨缺朋友的生活」時，伊壁鳩魯是會完全同意的。但是，當他說「友愛把城邦聯繫起來，與公正相比，立法者更重視友愛。他們的目的就是加強類似於友愛的團結，另一方面則是致力於仇恨的消除。既然做了朋友就不必再論公正。但對公正的人卻須增加一些友愛。所以在最大的公正中似乎存在著友愛的東西」❺時；兩人對友愛的基礎在看法上就很不一樣了。

亞里士多德還保留著城邦希臘人的觀點：友愛是聯繫城邦的紐

❺　亞里士多德《尼格馬科倫理學》1155a20–25，參見苗力田中譯本，頁163、頁165–166，中國社會科學出版社，1982年。

帶，它甚至比公正（即正義，justice，它是社會的立法的基礎）還要重要；換言之，友愛和公正都是以城邦公民之間的天然聯繫為基礎的，並且是表現這種天然聯繫的最深刻的東西，不僅如此，友愛在表現這種聯繫時比公正要更加深刻具體緊密，所以也就更加重要。而伊壁鳩魯則不再有這方面的基礎了，他只能訴諸個人的快樂這一單方面的根據。因為現在希臘人不再有自己的城邦那種天然的聯繫，在茫茫的充滿風浪和罪惡的希臘化世界裡，還有什麼地方是他們可以信賴可以熱愛的生活基礎呢？

城邦時代希臘友愛觀表明，友愛原是一種個人同個人之間對立統一的關係：沒有獨立資格的公民個人，就不會有這些個人之間的相互尊重和友愛；但是獨立的個人之間是有利害矛盾的，所以還必定要有比他們之間對立更有力量的東西才能把他們緊密聯繫起來，那麼它是什麼呢？是商品交易和民主政治之類的東西嗎？不，因為這類關係使人對立的因素要比使人一致之處更多，它是使人們彼此獨立和分離的主要力量。所以它們對友愛的形成作用主要仍在前一方面，就是使個人獨立起來，造成彼此尊重相愛的可能性。那麼它究竟是什麼呢？只能是使人聯結在一起的更深刻的東西，那就是他們的天然不可分的紐帶。希臘人比較早就否定了氏族和大家族的天然關係，不過他們在新條件下又重建了從氏族部落聯盟轉化而來的城邦，每個城邦的所有成員都是原先氏族組織的成員，在城邦中同以前一樣有著生死與共的共同命運，他們彼此直接生產著作為人的對方，因而保留著先前的天然血肉聯繫。正是這種聯繫，使他們的個人之間有了友愛的基礎和根據。

所以，友愛沒有個人同個人之間的獨立性不行，沒有人同人之間根本不可分的天然聯繫也不行。二者缺一就不會有友愛。

伊壁鳩魯派的友愛觀只有個人的幸福和獨立自由這一方面的基礎，失去了這些個人之間原來存在的天然聯繫的基礎，因而是片面的，不穩固的，也是缺乏充足根據的。但這主要是歷史造成，並非伊壁鳩魯派本身願意犯的過錯。他們在新的歷史條件下強調保持個人的自由和尊嚴，同時仍然堅持人和人之間需要友愛，認為它是人的本性，歌頌和努力實踐友愛，並為從個人幸福方面（雖然是片面的）看待友愛提供了有益的思考，這些正是伊壁鳩魯派的功績所在。

為什麼說從個人利益和自由幸福方面看待友愛也是必要的？伊壁鳩魯告訴我們，像畢達戈拉派團體那樣的共有制而不是每個人有其私有財產，那麼友愛就會有虛假性。一切共有、不分彼此，看上去好像沒有利害紛爭非常團結友好，可是並不能保證成員之間的平等和相互尊重，也就不會有真正的友愛。只有獨立的個人把自己的財產和力量奉獻給別人時，由於這是他的自由自願，又尊重對方人格，才表現出這種奉獻的無私或友愛的真誠。

當然，伊壁鳩魯倫理學的這個最高點──友愛觀──是跛腳的。批評它的斯多亞派為解決這個問題提出了新的思路，後來基督教更為解決這個問題作出了偉大貢獻。但是人類友愛的理想和基礎，是一個特別重大的主題，並不是像有些人以為的那樣容易解決或已經有了永恆的方案，事實上仍然需要探求。在這個意義上，伊壁鳩魯派的友愛觀，同以往每一個仁愛觀或友愛觀一樣，仍然具有其各自的價值。

第九章　伊壁鳩魯的歷史地位

　　我們已經研討過他的思想學說宗旨和各個主要之點，現在可以概括起來討論一下他在人類思想史上的地位，以及對於我們今天的意義。在本書前面的那篇自序裡，我已經對此提出了一個看法。經過全書的闡述，我想在這個小結中使它得到進一步的闡明。

一、伊壁鳩魯在西方思想史上的地位

1. 伊壁鳩魯哲學是希臘人追求的自由本體在希臘化時代的凝結物

　　西方哲學在希臘化羅馬時期進入了一個新階段，與原先的希臘哲學有著很不相同的面貌。純求知變成了以關注人生和倫理為主。這個轉向，從哲學的根本任務來說，不能說是退步，而是一種進步。因為哲學終究是為了人的生活的；現在它更自覺地返回和貼近這一根本所在，並且有了重大的新進展。

　　新時期一開始，在雅典這個有深刻哲學傳統的城市裡很快就接連著產生了三派新哲學：皮羅主義、伊壁鳩魯主義和斯多亞主義。他們都以解決人生問題為中心，以求得個人內心的自由安寧為宗旨──這就是說，他們都以哲人的敏銳和哲理的深度，認識到新的世界是如此動盪不寧，人再也不能像他們從前那樣有一個相對穩定的

生活基礎了,所以必須重新為人 —— 這時的人已經由於社會的瓦解
和重新改組成為世界性的「個人」 —— 尋求他們賴以生存的支柱。
三派學說的不同,正是這個新的世界和新的個人之間的分裂的現實
反映,也是需要探索如何重建其關係與和諧的過程的幾個主要環節。

　　希臘哲學在以往二百多年的發展中,一直以自由為其基礎和本
質❶,自由滋養著它、推動著它,使它成了一股水流日益充沛的江
河滾滾向前。這股思想洪流像煉鋼鐵的高爐中放出來的白熾的鋼水,
一下子落到了一片希臘化世界的冰涼的水中,便分解和凝結了,成
為新的哲學。那第一個產物就是皮羅的懷疑主義,它凝聚加工了希
臘哲學中自由批判的意識,現在不僅用來徹底否定以往希臘各種形
而上學哲學本身,讓人適應新的世界環境中的生活,而且也叫人對
新世界持同樣徹底的批判懷疑的態度。 —— 但是它本身正是地道的
希臘哲學精神的一個不可缺少的方面。另一個產物就是伊壁鳩魯的
哲學。

　　伊壁鳩魯哲學是希臘人及其哲學中追求的自由本體本身在新
世界中的凝結形態。當著失去了城邦獨立自主的自由之後,他堅持
了人有為自己贏得自由和快樂生活的權利。只是在這時,它已經變
為僅能以個人的自由、特別是僅能以個人的意志自由為限和滿足了。
對於個人以外的現實環境,他僅能以提出社會契約學說作為解決問
題的希望。在希臘化世界的帝國統治下暴力和紛爭的泛濫,使所謂
個人按自己的天然權利彼此平等來訂立互不侵害的約定難以實現,
但是他仍然認為,苦難和經驗將會使人逐步意識到它是唯一能保證
社會正義的解決辦法。更現實的乃是,個人之間可以建立友愛,它

---

❶　見楊適《哲學的童年 —— 西方哲學發展線索研究 (第一卷)》。參見頁
　　56–59 、頁 235–240 等處的分析。

是每個人可以自己作主和通過努力辦到的，並能幫助人在社會生活中獲得安全快樂和保持個人自由。這樣，個人自由快樂的命運就掌握在自己手中了：只要保持自己心靈的自由和安寧(不畏懼神的命運，不害怕面臨死亡，去除自己的貪欲，也不怕有時難免的某些痛苦，是它的必要條件)，滿足於適度的甚至是最簡陋的物質生活，以免成為環境和內外實際條件的奴隸，那就是一個自由的人生，快樂的人生了。於是他就從自然哲學等等方面研究了這種自由的根據和條件，給人提供一個明智的人生指導。

上面兩種哲學一反一正，一消極一積極，但都是自由精神的表現，也都是希臘哲學留給西方後來人的思想哲學財富，一直影響到後世和今天。

2.伊壁鳩魯哲學的片面性。斯多亞哲學補足了另一方面

但是希臘化的世界並不是希臘人創造的，也不合乎他們的意願。它有自己的原因、基礎、情況、規律和問題。它是馬其頓人統一希臘和東方眾多民族的結果。馬其頓的鐵拳粉碎了希臘的反抗和自由，吸取了東方的君主專制的政治和文化傳統，包括那種相應的宗教在內，才能夠建立並維護其帝國的存在。這個現實本身需要一種哲學加以反映；另外，在這個世界中生活的一切個人，無論他原來是希臘人還是東方人，都需要有一種適應新世界狀況的個人生活指導。──這就是接著前兩種而起的斯多亞派哲學。這種哲學也吸取了希臘哲學先前的某些智慧，但主要是按照新的格局和東方智慧的軌道來建立的。E. Zeller 在他所著的*The Stoics, Epicureans and Sceptics*一書中指出：「斯多亞派最早明白地教導全部人類原是一家，都是世界的公民。」❷他還強調指出：「亞里士多德以後的哲學歷史的一

個顯著特點，使我們不能不注意到環境已經改變的是這樣的事實：
如此眾多的哲學家來自面向東方的地區，在那裡希臘和東方的思想
模式已經相遇和混合起來。雅典固然仍占有希臘哲學王冠的位置，
但已不能自稱是哲學的最重要的學校，它必須讓其它城市如亞歷山
大城、羅馬、羅得島、塔爾蘇斯等分享這種光榮。即使在雅典，那
麼多的外國血統的導師也證明純粹希臘哲學的時代已經過去；除了
新柏拉圖主義的那些奠基者是這些人外，特別觸目的就是我們在斯
多亞派重要人物中所見到的。「幾乎所有最重要的斯多亞哲學家，
在基督教時代之前按其出生地來說，都是小亞細亞人、敘利亞人、
以及東部愛琴海島嶼的人，後來就是羅馬人的斯多亞派」❸。他敏
銳地注意到的這個現象，對我們認識斯多亞哲學的實質有啟示。

帶著東方色彩的哲學家比較容易從不同於希臘人的角度看世
界看問題。正如埃及人很容易地就接受了亞歷山大大帝作為他們的
太陽神阿蒙之子和法老那樣，東方民族也比較容易地接受了馬其頓
帝國，並且認為這是一個比他們原來的帝國更加偉大的帝國。那是
神的意旨，神讓亞歷山大和馬其頓將軍們和他們的繼承人來統一治
理這個世界，所以世界統一了。斯多亞派哲學一開始就把世界是一
個整體作為出發點，並且認為必有一個主宰世界上一切事情的根源，
在哲學上說它就是「自然的必然性」、「邏各斯」、「宇宙靈魂」之類的
本質本體，在普通人說來就是至高無上的神。因此，每個人都必須
遵循神的意旨和安排，這也就是「順從了自然」，他應該以此為天
職、道德和至善。那不論在什麼情況下都能對自己的命運感到滿意

❷　E. Zeller, The Stoics, Epicureans and Sceptics, 英譯本, p.22, Lond on, 1870.

❸　同上，p.36-37.

的人，就獲得了內心的安寧。斯多亞哲學能夠在希臘化世界中存在，並得到一些統治者的支持，後來在羅馬帝國中成為上層乃至皇帝宣揚的哲學，正是由於它的這種強調整體秩序和每個人應當自覺順從其命運的性質。這才是希臘化和羅馬世界本身所需要的哲學。

斯多亞哲學的核心也是倫理學。這種倫理學強調的是個人的思想行為要符合以神意和必然性為概念的世界整體秩序利益；這就是他們主張的道德，卻決不是個人的快樂。他們說那才是真正的自由，而追求個人快樂的自由決不是真正的自由。所以他們也常常要有意歪曲伊壁鳩魯講的快樂，把它說成是放肆的享樂主義。雖說這是一種不實之辭，可是從斯多亞派的立場上看問題，只要突出的是個人的利益、打算、個人的自由，否定了對世界秩序或神意的尊重順從，那就同享樂主義沒有什麼差別，甚至會認為那是更壞的思想教唆犯。

斯多亞哲學運用到實際生活時，對現存希臘化羅馬世界的統治和社會秩序無疑起著維護和保守的作用，帶上了官方哲學的色彩。但是我們不應只從政治方面看待它的意義，簡單斥之為官方哲學。它有深刻的時代和社會原因，從哲學上提出了一個同樣深刻的問題，就是關於宇宙和世界社會整體的世界觀，和由此而來的個人生活觀、道德觀。

如我們已經說過的那樣，友愛和道德，既不能否認個人的獨立自主性，又不能否認人對人必須互相依存的一體關係和情感。二者缺一不可。伊壁鳩魯派只從個人自由和快樂出發，以個人為中心，這樣來建立道德是跛腳的，或者說是不可能的。還需要另一方面，即人類的一體感的方面。斯多亞派恰恰是從這方面提出問題和設法解決問題的。這是它的重大意義所在。

3.從斯多亞派、新柏拉圖派到基督教。它們同伊壁鳩魯的關係

除了斯多亞派，後來在希臘化羅馬世界產生的新柏拉圖派，特別是從猶太教演變出來的基督教，有著一脈相承的發展線索。新柏拉圖派藉助於柏拉圖的相論，特別是《蒂邁歐篇》中的神（它是「至善」、最高的相）對於各種層次的相對無形式的質料不斷進行加工，創造出各種層次的東西、直至產出世界萬物的學說，提出了「太一」流溢說。「太一」是至高無上的神，從它流溢出心靈、靈魂，再流溢出物質的世界（包括我們的身體和自然界中的萬物）。在柏拉圖和亞里士多德那裡，神、最高的善、最高的形式等等還不是創生物質質料的本原，只是賦予質料以形式的本原，而在新柏拉圖主義中，太一神已是世界的唯一本原，不僅心靈、靈魂由它流溢而生，就是感性事物也是這種流溢過程的產物（最低級的部分）。所以新柏拉圖派已經提出了完整的神創造世界的哲學——神學。通過這種方式，使世界作為整體的觀點得到了更完全和明確的理論表現。個體和個人在這個神造的世界裡，只能是它的一個微不足道的塵粒。他要通過不斷回溯反省才能一步步地體驗到自己所由來的本原，純化自身，達到神聖的境界與神合一。

這種神創世界說，已經接近了猶太教和基督教的一神論和神創論。斯多亞哲學和新柏拉圖哲學為基督教在羅馬世界的產生和傳播，準備了深刻的思想要素。

本書不是詳細論述基督教思想、文化和哲學的地方，這裡只想指出它和斯多亞及新柏拉圖哲學的一致之處，以及它們之間的深刻對立。

一致之處是他們都從神創造世界出發來展開世界觀，因而，世

界是統一整體的觀點也就不言而喻地得到了論證。神意貫穿在一切之中，而神是至善，所以人應當順從神和神的安排，這也一致的。但是基督教同上述兩派哲學也有根本的差別和對立。

這是因為，希臘化羅馬世界雖然是統一性的帝國的世界，給世界一家的觀念提供了可以思考的實際可能性。但是這個世界又實在是到處充滿罪惡和分裂，神如何會創造出這樣的世界？這樣罪惡的現實又如何能從神本身是善得到解釋？順從神難道就是讓人順從這些罪惡的事實和現狀嗎？

關鍵是對這些罪惡的基本態度。斯多亞派和新柏拉圖派既然把一切都說成是神的意旨和安排，讓人逆來順受，就叫人默認了現實的罪惡，客觀上起到了維護現實罪惡和統治者利益的作用。基督教則不然，它雖然不能實際地消除希臘化羅馬世界的罪惡，但是批判態度是明確的。它把神的善理解為神聖的正義和愛，同人間的罪惡對立。認為神創造世界和人完全是為了愛人，因此神要用正義消除罪惡來拯救世人，彰顯他創世的目的即是愛人。對現實罪惡的批判態度，使它在人民心中得到深刻的共鳴。所以它同斯多亞派、新柏拉圖派有明顯的分別。

基督教在把植根於希伯萊文化的猶太教轉變為希臘化羅馬世界的普世宗教的過程中，吸取了斯多亞主義和新柏拉圖主義中藉神來表示的世界統一和各族人民都是平等的世界公民的觀念，也吸取了它們關於人應當經受磨難、順從神以改惡從善並在道德上淨化自己以得到心靈的和平安寧的思想。但是，這都是為了徹底地否定人間罪惡，而不是以順從現狀為目的。

基督教在神學和哲學上，對於以往的希臘和希臘化思想學說都是一場革命性的變革，其根源就在對人的罪惡有一種非常深切的體

驗和認識。上帝和基督關心世人，就要消除人間罪惡及其心靈上的根源，用神聖的愛改造人，使人得拯救。在這方面，它有一套非常辯證的以上帝為本原的宇宙觀。要點是：上帝從無中創造了世界和人，是為了愛人。他賦予人以高於萬物的地位，給他以供養，並且特別給他以自由的意志，使人能夠最像神自己。但是人在獲得了自由之後，也就有了犯錯誤的可能和機會。人果然濫用了他的自由，在貪欲的唆使下他墮落了，選擇了罪惡而不能自拔。所以世上充滿了罪惡，人都成為罪惡的生物。這是違背了神的意旨的結果。在這種情況下，神的大能大善，就顯示為他要實現一個世界歷史性贖救計劃：不僅要以嚴懲罪惡和最終審判來促人悔改，特別是讓他的親生兒子耶穌基督降臨人世，以血肉之軀受難上十字架的動人榜樣，顯現他對人的無比愛心，喚醒人認識自己有罪，從而悔改、信神、愛神愛人，得到重生和永生，並在人間傳播神聖的愛，建立神的國度。

基督教的這一對現實罪惡的批判態度，當然不是當權者所喜歡的。原始基督教具有非常強烈的改變現實的意向，吸引了大批窮苦人和下層人民參加，當權者視為威脅，因此遭到迫害。但是一方面由於羅馬統治還有強大力量，現狀難以改變；另一方面由於基督教本身的宗教神學性質和對於人間罪惡的深切認識，它並不指望只靠政治就能改變現實的罪惡，而是認為只能依靠神和基督的愛和大能，使人從心靈上信神與悔改，才有可能；因此基督教在後來的實踐中，採取了某種適應現實的工作方式，和對羅馬帝國保持天國的超然的態度。它強調：現實的磨難是神對人的考驗，人人都應在神面前認罪，從自己的悔改做起。善惡的標準不在人的判斷，而在神的判斷。所以雖然人要反對社會的和別人的罪惡，但更重要的是要謙卑自省；人對別人所應做的，只能是用愛心來原諒和寬恕、感動和規勸。自

以為是和驕傲是最大的惡，因為驕傲就是不敬神，不認識自己同樣
有罪，這樣來對待別人只會增加爭吵、敵視和仇恨，把事情搞得更
糟，罪惡更大。這種看法有其非常深刻的性質。因為羅馬世界的罪
惡現實的確並非簡單地由政治統治造成，有其深刻根源。——但總
的說來，基督教對現實罪惡是取批判態度的，這就是為什麼雖然後
來它在一段時期同羅馬皇帝結成同盟，卻仍然保持住了自己的獨特
地位。羅馬帝國滅亡了，基督教卻保持下來，得到進一步發展，成
為中世紀和直至今天西方文化的一大支柱，原因即在於此。

　　基督教使西方人第一次獲得了他們認為是真正的道德觀念。它
的基礎是靠神來建立的世界和人類一體的宇宙觀，和靠使世界和人
類成為一體的神聖之愛來建立的人類之愛。所以耶穌基督指出最大
的誡命只有兩條：愛神，和愛你的鄰人如同愛你自己；保羅說最大
的誡命只是愛人如己。

　　伊壁鳩魯想在希臘化的世界和環境中建立友愛，但是對他這個
希臘人來說，這個世界是陌生的和異己的，沒有任何親密感，剩下
的只有個人和他們的自由精神和可以設想的快樂，這就注定了他想
建立的友愛觀缺乏足夠的基礎和不成功。斯多亞派和新柏拉圖派企
圖通過神來重建人類一體的觀念，但是這所謂一體的世界是罪惡滔
天的，掛上神也不能使人獲得真實的親近感；而教人容忍罪惡的道
德，並不能使人心真的感到慰藉，倒更增添了壓抑的感覺。把這些
說成是神的意旨和安排不僅缺乏真實的力量，反而使人懷疑神本身
究竟是不是公道。所以這兩派想建立的道德也仍然缺乏基礎，並不
成功。唯有基督教正面地面對罪惡，以神的愛人、公義來同罪惡對
立，並通過耶穌基督上十字架的動人形象，指明神愛人和救贖人於
罪惡的道路，為道德提供了一個非常深刻和親切的基礎——儘管它

只能以天國的形式而無法以人間共同體為基礎。

4.伊璧鳩魯對後世的影響和作用

　　那麼，在有了基督教之後，伊璧鳩魯的學說在人生指導和道德方面是否還有意義？應當承認仍然是有的。因為實際生活中人的分裂依然存在，世俗生活還是處於商品交易的利益對立和政治社會的紛爭中。這都不是單靠信仰上帝和基督能實際解決的。按照西方文化的傳統，即使在中世紀，更不用說到近代現代，他們一直強調要保持個人的利益和自由，而這些個人需要彼此交往和友誼，哪怕只是互利性的。而按照伊璧鳩魯的人生哲學，個人的自由與快樂並不需要侵犯別人，相反，交朋友能夠彼此增進每個人的自由、安全和快樂，這也就是不錯的道德了。何況在共同有利的友好相處中，總有可能激發出人的天性中對他人的真實的愛和某種小範圍內的一體感來。儘管基督教的或者有些哲學的教導顯得如此偉大崇高，那只重個人的快樂自由的思想學說好像微弱渺小，可是渺小者未必沒有真實的價值，而崇高者未必沒有虛幻性質。所以各有其意義，儘管基督教成了主流，伊璧鳩魯哲學受到排斥，他那建立在個人自由與快樂基礎上的友愛觀，在實際生活中仍然不失為基督教道德的一個補充，為普通的善良人們實際採用而不廢。

　　西方近現代的歷史，在某些基本特徵上，可以視為古希臘和後來希臘化羅馬史的再現。比較大的民族國家代替了城邦國家，也仍然總在彼此鬥爭，現在又在競爭中向世界性的統一過渡。自由的商品交易到了今天已經成為巨大的世界市場經濟，各個個人和各個民族國家為了自己的獨立和擴張所進行的相互鬥爭，比古代有過之而無不及。這些矛盾在一定意義上也和古代類似，是推動歷史向前發

展的偉大動力，充滿罪惡又不能簡單地消滅或者廢除。所以人的生活也同那時類似，缺少安全和安寧。而解決的藥方，首先還是伊壁鳩魯最早提倡的社會契約（表現為近現代的法律和國家等等）；心靈上的慰藉，主要還是基督教，和伊壁鳩魯提倡過的個人適度的自利、快樂和自由以及在同他人交往中的互利和友誼，這也同古代相似。

這表明伊壁鳩魯的思想學說，直到如今在西方依然保持著它的人生指導的價值。

除此而外，伊壁鳩魯的唯物主義和原子論，認識論上注重感覺經驗的原則，對近代西方科學的發展也曾起過有益的啟發促進作用，這裡就不一一去講了。

二、伊壁鳩魯人生哲學對我們中國人在今天可能具有的意義

1.中國文化傳統的根源在「人倫之道」

具有自己悠久文化傳承的中國人，總以為「萬物皆備於我矣」，很少有覺得向別人學習的需要，這種自大只是到近代才有所轉變。但也限於科學和民主這方面，至於個人安身立命的道理則不然，總還是認為我們自家的本來就很好，無需他求。何況看看西方問題叢生、道德淪喪，個人主義自由主義泛濫成災，抵制惟恐不及，學它作甚？可惜的是西方的文化原是一個有機體，學了科學，學了市場經濟，那些我們很不喜歡的東西也就一起來了，堵不住。我們不能不在一定程度上承認事實，並且冷靜下來再想想，他們的人生哲學之類東西是否都不行，它的思想與社會歷史的根源何在？我們傳統

的是否都好，根源又何在？這就需要認真地作些研究了。

在中國文化傳統裡，最要緊的核心東西是人之為人的規定或定義。它是和西方不同的。源於希臘直至今天的西方人對人之為人的最基本的規定，是「自由」，我們的異於是，孟子說：

> 人之所以異於禽獸者幾希？庶民去之，君子存之。舜明於庶物，察於人倫，由仁義行，非行仁義也。❹
>
> 人之有道也，飽食暖衣，逸居而無教，則近於禽獸。聖人有憂之，使契為司徒，教以人倫：父子有親，君臣有義，夫婦有別，長幼有序，朋友有信。❺

孟子的這個說法，一直為中國人乃至東亞諸民族傳承，成為基本思想。它的中心意思是，人之不同於野獸而為人的關鍵，在於人有人倫，並且能「察於人倫」。這條定義是最根本的，其他一切都由此而來。如，

(1) 中國人最重視的仁義道德，不是為行而行的無根的東西，它的根據就是對人倫道理的明察和自覺。

(2) 中國文化的實質也在於此。按中國傳統的觀念，文化來自聖人的教化。君子接受了聖人教誨，並以自己的思想言行影響人民，於是人民才有文化。那麼何謂聖人？中國人心目中的聖人，當然要有許多功勞智慧，但最根本的一條還是看他的為人，「規矩，方圓之至也，聖人，人倫之至也。」❻舜有許多故事，說明他是實踐人倫之

---

❹　《孟子·離婁下》。

❺　《孟子·滕文公上》。

❻　《孟子·離婁上》。

道的典範，他又以此教化人民，如工匠用規矩使物成方圓那樣，使人民按照人倫之道成為自覺的人，有文化的人，所以他是偉大的聖人。

(3) 以人倫之道為本的中國文化由來已久。孟子在這裡回顧歷史，認為人倫文化始於舜，司馬遷在《史記》中也記載了舜的這一功績❼。舜是四千年前的人。可見中國人以「人倫」為本的文化和道德源遠流長。儒家發揚了這個傳統，但並非首倡。

2.「人倫之道」的涵義分析

人倫性文化既然源於氏族部落時代，它原來表現的就是對氏族和家族中各個成員之間天然親密的關係，和本來應有的相互對待方式；其功能便是維護氏族和家族及其一切成員的生存和和諧團結，即所謂「百姓親和」。所以它有如下特點：

(1) 非常自然。中國人常說：「天倫之樂」，就形容出人倫的自然本質。父母生育子女，男女婚配，人們在輩份和年齡上差異等等，當然是天然的。他們生活在一起，同甘共苦的整體感也是自然形成。人倫團體如氏族、家庭和家族是人類的天然共同體，人倫之道是對這些共同體中成員間自然的聯繫和相關倫理觀念的恰當表述。

(2) 它強調的是各種成員對於他人的關懷和義務，而不是個體的獨立性與權利。這並不是說它不顧及每個人的利益，而是認為只要人人都按人倫之道關懷他人，每個人自然就會得到在人倫關係中適

---

❼　《史記・五帝本紀》：「舜舉八愷，使主后土，以揆百事，莫不時序；舉八元，使布五教於四方，父義、母慈、兄友、弟恭、子孝，內平外成。」「舜曰：契！百姓不親，五品不馴，汝為司徒而敬敷五教，在寬。……契主司徒，百姓親和。」

合於他的那份利益。這可說是中國人觀念中的自然權利觀。它同伊壁鳩魯的和西方近代的自然權利觀念非常不同。這是因為人倫文化強調的是把人聯繫在一起使之不可分離的東西，而自由文化強調的是把人彼此分離開來使之獨立自由的東西。

(3) 人倫關係有很具體的相互依存性質，並很自然地隨情況變動。所以人倫中的人也是具體的相對性的變動的。例如一個人總是一個男子或是女子，總是一個當父母的或是當子女的，就有一個在相互關係中的明確的稱謂，這個稱謂就是他（或她）在人倫中的定位。按照稱謂每個人在同另一個人發生關係時，都有一個明確具體的人倫關係（夫婦、親子、兄弟姐妹、親戚、師徒、朋友等等）。隨著年齡自然增長等等原因，兒子會當父親，父親就變成了祖父；姑娘會成媳婦，媳婦又成婆婆；這些關係不斷變動，所以中國人都有一種隨著具體情況而定的很具體的人倫位置和特點。

人對人的關係原不限於人倫關係，例如還有經濟上的商品交換關係，政治上的和社會關係上的平等或支配服從關係，但是，中國人始終把人倫關係當作根本，而把其他關係納入其下其中，以人倫為本。從這裡產生出特有的以道德為中心的文化。

既然如此，中國人就很少有西方式的抽象的把個人看作平等的原子觀念。當一個人出現在某種場合時，首先就要看周圍的人有怎樣的特點，我又處於什麼位置，然後決定自己對待他們應取什麼態度和方式，這被看作是自然的合適的。如果一律對待，就是沒有規矩，所以中國人常常會覺得西方人沒有人情味，不像樣子。

(4) 提倡人倫之道的目的，是為了維護氏族和家族內部的和諧和團結。這也是保證氏族家族生存的自然的需要。

這種人倫關係和情感、道德，其實在世界各民族的早期生活中

是一般的情形，希臘人也不例外。只是在進入文明之後，情況才發生了不同的演變。

3.天然人倫轉變為宗法人倫

人倫原是人的自然共同體內成員間的相互自然關係，人倫之道是這些人的自然一體性的規範和意識。所有的人都從這裡來，原初的道德觀念也是從這裡來的。但是在進入文明之後，一切都發生了根本性的變化。

這種變化是循著不同的路徑發生的。

希臘是一種特殊的類型。氏族部落組織的大規模遷徙、海外移民、希臘的特殊人文地理環境等，使他們形成了眾多彼此分立的城邦，也形成了具有冒險性格和獨立性格的個人，日益頻繁的海上貿易使商品經濟到處發展起來。金錢和人們間的商品關係是不講什麼人倫和道德情感的，於是人從氏族家族中分化出來，日益成為獨立而自由的個人。彼此利益的對立紛爭終於瓦解了古老的氏族及其人倫，隨之而來的就是社會的全盤改造。城邦成了獨立的國家，人民成了城邦中的自由公民，人倫關係變成了自由公民的相互關係，彼此在政治上和公民地位上平等地對待，爭論和表決變為他們能夠取得意見一致的唯一方法。於是建立了城邦民主制國家。古老的人倫共同體結構讓位於一種全新的自由結構。這是一種根本的改變。

中國不同。它進入文明採取的是在人倫文化的本根上加以演進的形態。用家族代替氏族結構，把父權演變為一整套的宗法制度，同時變天然的人倫為宗法性的人倫，在此基礎上加工先前的人倫教化為宗法人倫文化。周公制禮作樂，做的就是這件大事。到了孔孟儒家，從思想和哲學上進一步闡發、論證和加工，提出了以「仁」

為中心的一套系統精緻的學說和文化。直到近代之前，這種文化一直在中國歷史上居於主流地位。

宗法人倫是一種對立統一物。人倫原是天然，宗法則是統治者文武周公的人為加工；前者是為了氏族家族成員的共同利益，後者則實際上主要是為了建立上下尊卑的統治秩序以保證在上者的權勢，二者不僅不同，而且是對立的。周公和孔孟卻為了新的需要，適應著新的形勢，把它們結合乃至融合成一個東西。宗法靠人倫之道建立，就顯得天然合理；人倫被宗法管束，變成了維護它的工具。在宗法人倫中，不僅添了一條以前沒有的「君臣」之倫，而且每一條人倫線索都帶上了君臣色彩即支配順從性質，「三綱」即君為臣綱、父為子綱和夫為妻綱就集中表現了這一特點。在這裡，每個人好像還和過去一樣生活在人倫及其情愛之中，實際上卻已經失去了他們先前享有的相互對等的愛，變成了單方面的奉獻。至於個人的自主，那就更談不上了。

在舊中國，宗法人倫是一種實際的占支配地位的社會結構。所以在思想上表現和維護它的儒家，也占統治地位。但儒家並不是中國文化的唯一形式。那對宗法制度和文化不滿和反抗的，就形成了道家和墨家、農家派別。它們的意義和作用不容輕視。

道家是上層中的反對派。宗法制是一套大宗小宗嚴密劃分的系統，像金字塔那樣，只能保證中心一系的權力秩序，所以總有許多身為上層的人實際上被排斥在權力系統之外。那些非當權派時常感到壓抑，有危機感，他們就希望得到某種解脫。於是老子起而批判周孔儒家的所謂道德仁義為虛假的矯揉做作，要求恢復天道自然；莊子要求個人能夠擺脫人為束縛作逍遙遊。他們揭露了宗法人倫的虛偽性，在思想上有很重要的貢獻。

墨家農家是下層農民、手工業者反抗宗法統治對其壓迫的反對派。他們主張均平和兼愛的人倫之道，認為這才符合天理。這種學說在春秋戰國時期還是與儒家並立的顯學，可見當時影響之巨大。統治者和宗法秩序的維護者當然視之為洪水猛獸，極力壓制消滅，後來就被排斥於學術界之外。但是它實際上依然存在，只是在民間平時隱而不顯罷了。一旦有時機，它就會以某種方式爆發出來顯現其作用，人們不難從歷史上的農民和下層民眾的結社和起義中發現它的思想印記。太平天國即是距離我們最近的一個突出例證。它在理論上並沒有得到重大發展，十分素樸，但是一旦得到實際運用的機會，所發揮出來的力量卻是十分巨大的。因此我們決不可忽視其存在和意義。

4.中國近代現代人倫文化的演變

中國人發現和認識自己的文化有重大問題，是在西方大舉侵入發生民族危亡的危機的時候。從此，開始了一個前所未有的巨大轉變時代。這段歷史大家熟悉，不必詳說，只講幾點。

(1) 宗法制度的封建統治已經瓦解，大家族也已不復存在。所以宗法人倫作為實際的社會基礎結構也已經退出了歷史舞臺。但是浸透了文化傳統的中國人並沒有拋棄這種文化的核心。

這不是僅僅用思想的保守性落後性可以完全解釋的。實際上這種保守還具有偉大的意義和價值。因為宗法人倫固然已經完全過時，卻不等於人倫已經過時。人倫總是人的天然本性和天然需要，拋棄和清除人倫中的宗法性質，反而有可能使人倫文化本身得到淨化和新的發展。

(2) 在這種情況下，從大方向來說，儒家受到猛烈衝擊是必然的、

合理的歷史進步。不過既然中國的人倫文化長時期是在宗法人倫的形態中獲得發展，取得豐富內涵的，所以粗暴的批判就容易出偏差和錯誤，造成重大損失。這需要改正彌補。辦法應當是進一步的深入研究、分析批判。忽而全盤打倒，忽而一概吹捧，都不是好辦法。那種主張在中國重新恢復發揚儒學的想法，不應忘記儒學根子上的宗法人倫性質。皮已不存，遑論思想重建？

(3) 在中國革命中，在批判儒家中，廣大農民和平民中的均平兼愛文化傳統起了一種偉大的歷史作用。毛澤東和中共把馬克思主義運用到實踐中時，就運用了這個傳統，發動農民使之成為主力軍，保證了革命的勝利。後來在建設中也一直這樣做。毛澤東思想中有許多生動的東西，也有許多過於理想和空想的東西，都與此有關。可見，並不是批判了儒家就沒有任何人倫文化了。中國人倫文化在中國共產黨領導下仍然存在著、發展著，不過主要是保存和發展了它的另一形態——從墨家農家而來的形態。

這種均平兼愛的人倫文化，在反對宗法制度上有其合理性和巨大威力。但是，第一，它本身也具有小農家長制的性質，所以它儘管反對大宗法，卻並不可能否定小宗法。其次，它雖然帶有主張平等的性質，要求人人相愛，但這平等只能被理解為平均，是一種不可能實現的空想。最後，它終究也是人倫範圍內的文化，其中同樣沒有個人獨立自由的地位和發展餘地。

這種均平兼愛的文化，在中國反帝反封建的革命中起到了偉大的推動歷史前進的作用。但是到了建設時期，問題就逐步暴露，並且越來越成為阻礙歷史繼續前進的東西。同上述第一條相關，出現了家長制和許多忽視民主的專制現象；同第二個特點相關，出現了大搞平均共產主義的共產風、人民公社、吃飯不要錢之類空想的盲

動；最後，它總是只講相互關係中的一致、關懷、友愛、團結一面，要人「毫不利己，專門利人」，否定任何「個人主義」、「個人奮鬥」和「自由主義」，卻從不強調人與人有彼此分離獨立的一面，個人有依法自由思考和行動的權利，必須尊重和發展這種權利。這樣就造成了大鍋飯，一言堂，人人從思想直到穿衣服都要清一色的絕對平均主義等惡果，最後終於導致文革中剝奪個人思想言論自由直至摧殘最基本的個人生存權利的悲劇。

這就表明，不僅宗法人倫文化早已過時，中國傳統文化中最具人民性和革命性的均平兼愛人倫文化，在最後一次發揮了它的重大作用之後，也到了該退出歷史舞臺的時候了。

(4) 一種新型的包含著個人自由的人倫文化已經產生，正在複雜艱難的鬥爭中逐步成長。這是我們的希望所在。

中國傳統的人倫文化，就其以往的形態而言，基本上都已過時。但是它的核心——人和他人的相互依存、一體感、彼此生產對方之為人的功能，是一切人的本性和需要，永遠不會過時。問題是要揚棄它的局限性和它在以往的種種過時了的形態，使它得到新的生命。

唯有自由，特別是個人自由能賦予人倫文化以新的生命。

從古希臘起到今天，西方人特別發展了以個人為本位的自由文化。但是這種自由也是跛腳的，因為它失去了人倫基礎，失去了人賴以存在的另一個不可或缺的基本方面。

沒有人倫的自由，和沒有自由的人倫，都會導致人性的片面、畸形和異化。任何個人，任何社會，都要靠兩條腿才能站立，一條腿是個體的獨立自主和個性的自主發展，它是社會多樣性和生動活潑性的源泉；另一條腿是所有個人的相互生產、相互依賴、相互支持、相互推動，它同樣是每個人生存不可少的基礎，更是人和社會

獲得一體感和親密感的源泉。所以人倫和自由二者缺一不可，彼此互為條件，經緯交織，才能使每個個人和社會得到健康的生存和前進。

實際上，西方人儘管特重自由，也少不了人倫和各種形式的人類一體感。斯多亞派和基督教的意義，就在於為失去天然人倫基礎的西方人提供一種重建人類一體感的出路，而從古代到馬克思的各種社會主義學說的意義，是想實際地解決這一基本問題。另一方面，儘管我們中國人特重人倫之道，也少不了個人的自主和自由感。道家楊朱講「為我」、莊子講個人的精神自由、小農也要有只屬於自己的一塊天地，何嘗少得了「個人主義」。 但是，由於中西文化各自特別發展的方向不同，偏重一面，那另一方面就受到了壓抑，只能是不足的、畸形的，或者只能是些代用品，缺乏自身的足夠基礎。

西方文化將如何發展，這主要是他們的事。我們應當首先關懷自家的事情。

自從五四以來，中國人已經有了個人自由的思想種子，但是把它同中國文化傳統結合，在結合中予以發展，可不容易。它走著艱難的路，首先要反封建，也就是反對宗法人倫制度和儒家禮教，但是接著就面臨能否完全西化的問題。有些人主張這樣做，但是歷史的進程和人民的意願都沒有贊同。後來中國走上了對西方的自由持批判態度的馬克思所指引的路，在發動農民和其他民眾中和中國文化傳統相結合，解決了國家民族的獨立問題，也給人民帶來了以前所沒有過的解放，勞動者和婦女的權利得到了重大改善。這是人民和知識分子贊同的。這也是民主和自由，不過主要是國家的或集體性的，個人的自由仍然沒有得到真正的承認和關注。因此人民和廣大知識分子並不能滿意。經過了幾十年的曲折磨難，在吸取了經驗

教訓之後，中國終於走上了改革開放。這一次和以往不同的是，基礎比較好，態度也比較堅定，雖然在引進西方文化中出現了嚴重困難和很大風浪，出現了大量麻煩問題，也並未動搖基本的前進路線。我們已經轉上了同世界的市場經濟接軌的軌道，但是政治改革還有很大困難，而在思想和文化方面混亂現象特別嚴重突出，道德危機持續存在並有繼續惡化的趨勢。新的文化只能在這種形勢下探求出路。

　　我個人認為，這是文化轉變的必然之路。危機是中國新文化將要出世前的不可避免的陣痛。因為新文化必須以充分吸取西方自由文化為條件，才能以繼承改造和發揚中國傳統人倫文化的形式予以實現。而在這種交會中，原來雙方的弊病都會一再地凸現。因此文化危機還會延續很長的歷史時期。「多難興邦」，過去如此，今後在文化改造中也仍然如此。正是在這種困難的磨練中，人們才能逐步進到中西文化傳統的深處，學會如何把二者的核心提煉出來，學會如何結合它們成為一種更高級的新文化。除此之外，沒有捷徑可走。

　　在這個時候，我覺得有分析地深入研究西方個人自由的涵義和那些優秀的有代表性的學說，是特別需要的。在這方面，前人如魯迅、王國維等大力介紹過尼采、叔本華，近年來人們又大力介紹過薩特等人的生存哲學，都起了重要作用。現代哲學中強調的個人自由特別注重個體的獨一無二的生存特點，比起從前的學說增加了重要的新意。但是我認為現在來評說伊壁鳩魯也非常重要，他能幫助我們認識西方個人自由學說的古典形態及其來源，而且他的那種個人自由觀沒有侵略性和培育紛爭的毛病，似乎更易於為我們中國普通善良的人們所接受，更易於同我們的人倫文化相配合。這就是我寫本書的一點想法，也是我認為伊壁鳩魯在中國所可能贏得的地位。

伊壁鳩魯生平年表

341年　　　　　伊壁鳩魯於2月上旬出生於薩莫斯島，父親名紐克勒
　　　　　　　斯，母親名克蕾斯特拉，都是雅典公民移居於該島
　　　　　　　的移民。
　　　　　　　伊壁鳩魯從十四歲開始對哲學發生興趣，大約有四
　　　　　　　年之久隨一位柏拉圖派哲學家龐費魯斯學習。

323年　　　　　伊壁鳩魯十八歲時來到雅典開始服兵役，為時兩年。

321～311年　　服完兵役後，他回家來到小亞細亞的科羅封。因為
　　　　　　　當時馬其頓在小亞細亞的長官下令要在薩摩斯的雅
　　　　　　　典移民搬遷到科羅封，伊壁鳩魯的父母就帶著全家
　　　　　　　去了。對於伊壁鳩魯來說，這十年是他獨立思考和
　　　　　　　準備的階段。在這期間他跟一個名叫瑙西芬尼的德
　　　　　　　謨克利特派原子論哲學家學習過。瑙西芬尼對懷疑
　　　　　　　論者皮羅的生活態度很欽佩，但不是在學術方面。
　　　　　　　伊壁鳩魯經常向他詢問有關皮羅的故事。他也可能
　　　　　　　向一位名叫普拉克希芬尼的亞里士多德派哲學家學

習過。

311〜310年　　　伊壁鳩魯開始嘗試在哲學上實現自己的獨立的抱負，來到列斯波斯島上的城邦米提林。但是由於遭到敵視和攻擊，不得不在一年之後就離開了。

310〜306年　　　伊壁鳩魯來到小亞細亞西北部的城邦朗卜沙柯，在那裡住了五年，致力於宣傳自己的哲學思想和吸引追隨者，得到了眾多成就。他在雅典建立新學派的許多主要成員就是在這個時期聚集起來的。

306年　　　　　　在他三十五歲那一年，已經有了從事哲學學習和研究二十年的經歷的時候，他回到雅典，購買了一處帶有花園的房產，建立了一所屬於他自己的私人的哲學學校，這所學校是第一個容許有婦女參加的。伊壁鳩魯學派從此正式建立起來。

除了偶而到小亞細亞去訪問和看望他的朋友之外，從此伊壁鳩魯一直生活在雅典。

他的學校或學派是由一些追隨他的教導的學生和朋友組成的。他們的目的是為了心靈的快樂和安寧、道德的完善。他和他們之間相處非常友愛。他是學校和學派的領袖，受到門徒們的高度尊敬。

伊壁鳩魯在這裡寫了三百卷著作。但是流傳下來的只有為第歐根尼・拉爾修所記錄下來的三封信和四十條《主要原理》。

271年 伊壁鳩魯在持續兩個星期的劇烈病痛之後去世。臨
終十分安詳。實踐了他自己的人生哲學。

伊壁鳩魯的門徒們忠實地繼承了他的教導。這些教
導吸引了各地的追隨者，不僅在希臘，而且傳播到
希臘化世界的東方，包括安條克，埃及等地區，後
來又傳播於意大利，特別是羅馬，以及羅馬帝國下
的非洲等地。

伊壁鳩魯主義共繁榮了約七百年之久，從西元前三
世紀直到西元後四世紀。

參考書目（及縮略語）

一、關於伊壁鳩魯的生平和原著（三封書信及《主要原理》）見第歐根尼・拉爾修《名哲言行錄》（縮略語D. L.）第10卷，以及有關的其他章節。參照以下不同譯本：

英譯本有：

1. Diogenes Leartius [D. L.], *Lives of Eminent philosophers*, [Loeb Classical Library], tr. by R. D. Hicks, Cambridge, Harvard University Press, 1925.

2. Translated by Cyril Bailey, *Epicurus: The Extant Remains with Short Critical Apparatus*, translation and notes, Clarendon Press, 1926.

3. Edited, and with an Introduction by Whitney J. Oates, *The Stoic and Epicurean Philosophers, The Complete Extant writings of Epicurus, Epictetus, Lucretius, Marcus Aurelius*, Random House, New York, 1940.

4. Translated by Russel M. Geer, *Letters, Principal Doctrines, and Vatican Sayings of Epicurus*, [The Library of Liberal Arts] Bobbs–Merril Educational Publishing, Indianapolis, 1964.

中譯本有：

5. 北京大學哲學系外國哲學教研室編譯西方古典哲學原著選

輯:《古希臘羅馬哲學》,商務印書館,1982年。

6. 王太慶主編《西方自然哲學原著選輯(一)》,北京大學出版社,1988年。

二、盧克萊修的《物性論》

中譯本有:

7. 方書春譯《物性論》,商務印書館,北京,1962年。

英譯本有:

8. Ed. by Oates, 同 3.。

9. Translated by H. A. J. Munro, *Lucretius: On the Nature of Things*, William Benton, Publisher, Encyclopaedia Britannica, INC. Chicago, 1980.

10. Translated and introduced by R. E. Latham, *Lucretius: On the Nature of the Universe*, Penguin Books Ltd., England, 1951.

三、關於伊壁鳩魯和他的學派資料匯編(包括各種有關殘篇,如保存於其他古代文獻著作和新發現的紙草卷、碑銘部分的某些資料)

11. A. A. Long & D. N. Sedley, *The Hellenistic Philosophers* (縮略語:[HP]), Cambridge, 1989.

12. 卡爾·馬克思《博士論文》(及其附注),中譯本,人民出版社,1962年。

13. 卡爾·馬克思《關於伊壁鳩魯的筆記》,中譯本,見《馬克思、恩格斯全集》第40卷,人民出版社,1982年。

四、關於伊壁鳩魯的評論

14.卡爾・馬克思的《博士論文》，同12.。

15.E. Zeller, *The Stoics, Epicureans, and Skeptics*, tr. in English by Oswald J. Reichel, Longmans, Green, and Co., 1870.

16.Sextus Empiricus, *Against the Logicians*, tr. by R. G. Bury, London, 1935.

17.A. A. Long, *Hellenistic Philosophy* (second edition), Duckworth, London, 1986.

18.George A. Panichas, *Epicurus*, Twayne Publishers, Inc., New York, 1967.

19.*HP*, 同11.。

20.A. E. Taylor, *Epicurus*, Constable & Company Ltd, 1911.

五、有關歷史和哲學史文獻

21.羅斯托夫采夫(Rostovtzeff, Michael Ivanovich)《希臘化世界的社會經濟史》，1941年。

22.《世界上古史綱》（上下冊），人民出版社，1979–1981年。

23.Plato: *Parmenides, Sophists*, tr. & ed. by B. Jowett, Oxford.

24.Aristotle: *Categoriae, Ethica Nicomachea, De anima, De generatione et Corruptione, Metaphysics*, tr. & ed. by W. D. Ross,Oxford.

25.陳康《柏拉圖的巴曼尼德斯篇》，商務印書館，1982年。

26.楊適《哲學的童年——西方哲學發展線索研究第一卷》，中國社會出版社，1987年。

27.楊適《中西人論的衝突——文化比較的一種新探求》，中國人民大學出版社，1991年。

索 引

二劃

四劃

五劃

六劃

七劃

十劃

世界哲學家叢書 (一)

書　　　　名	作　　者	出　版　狀　況
孔　　　　子	韋　政　通	已　　出　　版
孟　　　　子	黃　俊　傑	已　　出　　版
莊　　　　子	吳　光　明	已　　出　　版
墨　　　　子	王　讚　源	已　　出　　版
淮　南　　子	李　　　增	已　　出　　版
董　仲　舒	韋　政　通	已　　出　　版
揚　　　　雄	陳　福　濱	已　　出　　版
王　　　　充	林　麗　雪	已　　出　　版
王　　　　弼	林　麗　真	已　　出　　版
阮　　　　籍	辛　　　旗	已　　出　　版
劉　　　　勰	劉　綱　紀	已　　出　　版
周　敦　頤	陳　郁　夫	已　　出　　版
張　　　　載	黃　秀　璣	已　　出　　版
李　　　　覯	謝　善　元	已　　出　　版
楊　　　　簡	鄭　曉　江貴 李　承	已　　出　　版
王　安　石	王　明　蓀	已　　出　　版
程顥、程頤	李　日　章	已　　出　　版
胡　　　　宏	王　立　新	已　　出　　版
朱　　　　熹	陳　榮　捷	已　　出　　版
陸　象　山	曾　春　海	已　　出　　版
王　廷　相	葛　榮　晉	已　　出　　版
王　陽　明	秦　家　懿	已　　出　　版
方　以　智	劉　君　燦	已　　出　　版
朱　舜　水	李　甦　平	已　　出　　版
戴　　　　震	張　立　文	已　　出　　版

世界哲學家叢書（二）

書　　　　　名	作　　者	出　版　狀　況
竺　　道　　生	陳　沛　然	已　　出　　版
慧　　　　　遠	區　結　成	已　　出　　版
僧　　　　　肇	李　潤　生	已　　出　　版
吉　　　　　藏	楊　惠　南	已　　出　　版
法　　　　　藏	方　立　天	已　　出　　版
惠　　　　　能	楊　惠　南	已　　出　　版
宗　　　　　密	冉　雲　華	已　　出　　版
湛　　　　　然	賴　永　海	已　　出　　版
知　　　　　禮	釋　慧　岳	已　　出　　版
嚴　　　　　復	王　中　江	排　　印　　中
章　　太　　炎	姜　義　華	已　　出　　版
熊　　十　　力	景　海　峰	已　　出　　版
梁　　漱　　溟	王　宗　昱	已　　出　　版
殷　　海　　光	章　　　清	已　　出　　版
金　　岳　　霖	胡　　　軍	已　　出　　版
馮　　友　　蘭	殷　　　鼎	已　　出　　版
湯　　用　　彤	孫　尚　揚	已　　出　　版
賀　　　　　麟	張　學　智	已　　出　　版
商　　羯　　羅	江　亦　麗	排　　印　　中
泰　　戈　　爾	宮　　　靜	已　　出　　版
奧羅賓多・高士	朱　明　忠	已　　出　　版
甘　　　　　地	馬　小　鶴	已　　出　　版
拉達克里希南	宮　　　靜	已　　出　　版
李　　栗　　谷	宋　錫　球	已　　出　　版
道　　　　　元	傅　偉　勳	已　　出　　版

世界哲學家叢書（三）

書　　　　　　名	作　　　者	出　版　狀　況
山　鹿　素　行	劉　梅　琴	已　　出　　版
山　崎　闇　齋	岡　田　武　彥	已　　出　　版
三　宅　尚　齋	海老田輝巳	已　　出　　版
貝　原　益　軒	岡　田　武　彥	已　　出　　版
楠　本　端　山	岡　田　武　彥	已　　出　　版
吉　田　松　陰	山　口　宗　之	已　　出　　版
亞　里　斯　多　德	曾　仰　如	已　　出　　版
伊　壁　鳩　魯	楊　　適	已　　出　　版
伊　本　‧　赫　勒　敦	馬　小　鶴	已　　出　　版
尼　古　拉　‧　庫　薩	李　秋　零	排　　印　　中
笛　　卡　　兒	孫　振　青	已　　出　　版
斯　賓　諾　莎	洪　漢　鼎	已　　出　　版
萊　布　尼　茨	陳　修　齋	已　　出　　版
托　馬　斯　‧　霍　布　斯	余　麗　嫦	已　　出　　版
洛　　　　克	謝　啓　武	排　　印　　中
巴　　克　　萊	蔡　信　安	已　　出　　版
休　　　　謨	李　瑞　全	已　　出　　版
托　馬　斯　‧　銳　德	倪　培　民	已　　出　　版
伏　　爾　　泰	李　鳳　鳴	已　　出　　版
孟　德　斯　鳩	侯　鴻　勳	已　　出　　版
費　希　特	洪　漢　鼎	已　　出　　版
謝　　　　林	鄧　安　慶	已　　出　　版
祁　　克　　果	陳　俊　輝	已　　出　　版
彭　加　勒	李　醒　民	已　　出　　版
馬　　　　赫	李　醒　民	已　　出　　版

世界哲學家叢書（四）

書　　　　名	作　　者	出　版　狀　況
迪　　　　昂	李　醒　民	已　出　版
恩　格　斯	李　步　樓	排　印　中
約　翰　彌　爾	張　明　貴	已　出　版
狄　爾　泰	張　旺　山	已　出　版
弗　洛　伊　德	陳　小　文	已　出　版
史　賓　格　勒	商　戈　令	已　出　版
雅　斯　培	黃　　藿	已　出　版
胡　塞　爾	蔡　美　麗	已　出　版
馬克斯・謝勒	江　日　新	已　出　版
海　德　格	項　退　結	已　出　版
高　達　美	嚴　　平	排　印　中
哈　伯　馬　斯	李　英　明	已　出　版
榮　　　　格	劉　耀　中	已　出　版
皮　亞　傑	杜　麗　燕	已　出　版
索　洛　維　約　夫	徐　鳳　林	已　出　版
馬　賽　爾	陸　達　誠	已　出　版
布　拉　德　雷	張　家　龍	排　印　中
懷　特　海	陳　奎　德	已　出　版
玻　　　　爾	戈　　革	已　出　版
弗　雷　格	王　　路	已　出　版
石　里　克	韓　林　合	已　出　版
維　根　斯　坦	范　光　棣	已　出　版
艾　耶　爾	張　家　龍	已　出　版
奧　斯　丁	劉　福　增	已　出　版
魯　一　士	黃　秀　璣	已　出　版

世界哲學家叢書（五）

書　　　　　名	作　　者	出　版　狀　況
蒯　　　　　因	陳　　波	已　　出　　版
庫　　　　　恩	吳　以　義	已　　出　　版
洛　　爾　　斯	石　元　康	已　　出　　版
喬　姆　斯　基	韓　林　合	已　　出　　版
馬　克　弗　森	許　國　賢	已　　出　　版
尼　　布　　爾	卓　新　平	已　　出　　版